GEORG STEINBERGER

Kleine Lichter

auf den Weg der Nachfolge

CHRISTLICHES VERLAGSHAUS
STUTTGART

ABCteam-Bücher erscheinen in folgenden Verlagen:

Aussaat Verlag Neukirchen
R. Brockhaus Verlag Wuppertal
Brunnen Verlag Gießen / Basel / Woltersdorf
Christliches Verlagshaus Stuttgart
(und Evangelischer Missionsverlag)
Oncken Verlag Wuppertal

49.–58. Tsd. 1969
59.–61. Tsd. 1975
62.–64. Tsd. 1978
65.–68. Tsd. 1980
69.–73. Tsd. 1981
74.–77. Tsd. 1986
78.–81. Tsd. 1990
82.–84. Tsd. 1995
85.–87. Tsd. 2001

© Christliches Verlagshaus GmbH, Stuttgart
Umschlaggestaltung: Dieter Betz, Weissach
Druck: Freiburger Graphische Betriebe
ISBN 3-7675-3114-3

INHALT:

Kreuzesgemeinschaft

Phil. 3, 10

Am Kreuz hat unser Haupt den untersten Platz eingenommen und hat auch uns, Seinen Gliedern, den untersten Platz gegeben. Der „Abglanz des unsichtbaren Gottes" (Hebr. 1, 3) wurde der „Allerverachtetste" (Jes. 53, 3). Seitdem haben wir nur *ein* Recht, nämlich der Unterste und Letzte zu sein. Wenn wir auf etwas mehr Anspruch machen, haben wir noch nicht das Kreuz verstanden.

Wir suchen höheres Leben! Wir finden es, wenn wir tiefer in die Kreuzesgemeinschaft mit unserm Haupt eingehen. Gott hat dem Gekreuzigten den höchsten Platz gegeben (Offb. 5, 6), sollten nicht auch wir es tun? Wir tun es, wenn wir uns Stunde für Stunde als Mitgekreuzigte (Gal. 2, 19. 20) ausweisen. So ehren wir den Gekreuzigten.

Wir wünschen völligeren Sieg. Wir finden ihn, wenn wir völliger in Seine Kreuzesgemeinschaft eingehen. Das Lamm hat mit angenagelten Händen und Füßen den größten Sieg errungen. Nur solange wir im Schatten des Kreuzes bleiben, bleiben wir im „Schatten des Allmächtigen" (Ps. 91, 1). Das Kreuz muß unsre Heimat werden. Da allein bleiben wir gedeckt.

Auch verstehen wir erst dann *unser Kreuz,* wenn wir Sein Kreuz verstanden haben. Und wir wollen so nahe hinzutreten, daß wir es nicht nur anschauen, sondern betasten können, ja, noch mehr, daß wir das Kreuz in uns aufnehmen (Gal. 5, 24) können, daß es ein *inneres* Kreuz wird, wie jemand gesagt hat. Dann lebt das Kreuz in uns fort, und so erfahren wir seine Kraft, die sich vor allem darin zeigt, daß wir unter unserm Kreuz nicht erliegen, daß wir unser Kreuz gern tragen.

Der Feind geht immer darauf aus, uns unser Kreuz zu nehmen, damit wir ohne Kreuz durchs Leben gehen sollten. Die vierzigtägige Versuchung unsers Herrn (Luk. 4, 1—13) bestand vor allem darin, daß der Feind Ihm das Kreuz nehmen wollte. Darum sprach er: „Bist Du Gottes Sohn?" Er erinnerte Ihn an Seine Größe und an Seine Rechte. Aber er verzichtete auf Seine Größe und auf Seine Rechte und blieb der Menschensohn, das Lamm. Und als solches überwand Er. Hätte Jesus sich das Kreuz nehmen lassen, dann wäre Sein Weg und all Sein Tun umsonst gewesen, und der Feind hätte das Heft in der Hand behalten. Der Feind hätte nichts dagegen gehabt, wenn unser Herr von Machtoffenbarung zu Machtoffenbarung gegangen wäre als der Gottessohn, wenn Er sich nur hätte das Kreuz nehmen lassen; denn er wußte wohl, daß Seine angenagelten Füße ihm den Kopf zertreten und Seine angenagelten Hände (Matth. 12, 29) ihm alles aus den Händen nehmen werden. Nun verstehen wir, warum der Feind unser Kreuz nehmen will. Was sind wir ohne Kreuz? (2. Kor. 4, 16. 17.) Was Jesus gewesen wäre ohne Kreuz! O gib dein Kreuz nicht her, sondern halte es fest! Denn am Kreuz erkennt der Herr Seine Nachfolger. Verkürze auch dein Kreuz nicht, denn damit verkürzest du nur deine Herrlichkeit. Wähle dir auch nicht dein Kreuz, sondern nimm das, welches Er dir bereitet hat. Trage auch dein Kreuz nicht vor dir her wie ein Held; aber schleife es auch nicht hinter dir her wie ein Entmutigter, sondern trage es mit Geduld auf deiner Schulter, so daß Gott den größten Teil davon sieht und die Menschen den kleinsten. Das Kreuz ist heilig — auch unser Kreuz; darum müssen wir heilig damit umgehen und das Heilige nicht den Hunden geben und die Perle nicht vor die Säue werfen. Das tun wir, wenn wir denen, die nicht Priester Gottes sind, unser Kreuz zeigen.

Je größere Herrlichkeit du begehrst, ein desto größeres Kreuz begehrst du damit (Matth. 20, 22). Johannes und Jakobus begehrten zu sitzen zur Rechten und Linken des Menschensohnes, und Jesus, antwortete ihnen: „Könnt ihr den Kelch trinken, den Ich trinken werde, und euch taufen lassen mit der Taufe, womit ich getauft werde?" Auf die Geistestaufe folgte bei unserm Herrn die Feuertaufe und auf die Liebesoffenbarung auf Tabor das Gottverlassensein auf Golgatha. Er wurde durch Leiden vollendet (Hebr. 5, 8). Und denken wir, daß es für uns einen andern Weg gibt? Viele kommen deswegen nicht vorwärts, weil sie ihr Kreuz, das Gott ihnen in den Weg gestellt hat, nicht auf sich nehmen wollen. Auf dem breiten Weg kann man dem Kreuz aus dem Wege gehen; aber auf dem schmalen Weg kann man das nicht; man muß es auf sich nehmen, sonst steht es einem im Weg, und man kommt nicht mehr weiter. Ärgere dich nicht an dem Kreuz. Auf die Treue folgt das Kreuz, wie Jesus sagt von sich: Matthäus 20, 28, und wie Er sagt zu den Seinen: Matthäus 16, 24.

Verborgenes Leben

Offb. 7, 15—17

Jedes Pflänzlein hat ein verborgenes Leben in der Erde; nimm ihm dieses, und es hört auf zu existieren. Die Palme (Ps. 92, 13—16) kann deswegen mitten in der Wüste grünen, blühen, fruchtbar und frisch sein, weil sie tief unten in der Erde ein verborgenes Leben hat. Sie ist mit ihrer Herzwurzel in Verbindung mit einer Quelle. Unser Leben nach außen ist gar nichts anderes als die Quittung unseres Lebens im Verborgenen. Viele haben einen verborgenen Gott, weil sie kein verborgenes Leben haben mit Gott. Mose war der Umgang mit Gott gewohnter als der Umgang mit Menschen. Wenn er mit Menschen verkehrte, trug er eine Decke auf seinem Angesicht (2. Mose 34, 29—35); aber wenn er mit Gott allein war, nahm er die Decke weg. Er nahm den Platz der Heiligen ein, wie er selbst sagt in seinen letzten Worten: „Sie lagern zu Deinen Füßen, und ein jeder empfängt von Deinen Worten" (5. Mose 33, 3). Das ist köstlich, wenn Gott selber uns Sein Wort aufschließt und lebendig macht! Und das tut Er jedem, der den Platz zu Seinen Füßen einnimmt. Da lehrt Er uns die verborgene Weisheit. Da kann Er uns Wunder schauen lassen in Seinem Gesetz und Linien sehen lassen in Seinem Wort, die kein menschliches Auge jemals gesehen hätte, wie David sagt in Psalm 33, 7: „Er legt die Tiefen in das Verborgene."

Das Lamm kann nur diejenigen weiden und leiten, die ihm folgen, die mit allen fünf Sinnen ruhen zu Seinen Füßen. Er kann nur diejenigen speisen mit dem verborgenen Manna (Offb. 2, -7), die ein verborgenes Leben haben, die, wie Maria, zu Hause sind für Ihn, wenn Er sie tiefer führen will. Er kann nur denjenigen den Tisch decken (Ps. 23, 5), die zuvor reinen Tisch gemacht haben — sonst schnappt einem der Feind alles vorweg, was Er einem gibt. Nur das Lamm kann uns zu den Quellen der Wasser des Lebens leiten. Nur Er weiß sie. Nicht *eine* Quelle hat Er, nein, *viele!* Ein Strom geht aus von Seinem Stuhl (Offb. 22, 1). Er bewässert (Jes. 27, 3) Seinen Weinstock jeden Augenblick. Jeden Morgen läßt Er frisches Brot (2. Mose 16) vom Himmel fallen für die, welche Ihm folgen in die Einsamkeit. So gedeihen wir und bringen alle Monate neue Früchte (Hes. 47, 12): denn unser Wasser fließt aus dem Heiligtum.

Verborgenes Leben ist aber nicht allein verborgener Umgang mit Gott, sondern überhaupt ein Verborgensein in Seinem Gezelt, wie wir lesen Vers 15: „Er wird Sein Zelt über ihnen errichten." Sie sind eingeschlossen, zugedeckt, im Verborgenen bei Gott. Es gibt ein Leben im „*Vorhof*", wo das Opfer geschlachtet wird, und wo man das Blut fließen sieht; es gibt ein Leben im „*Heiligen*", wo die Priester stehen und ihren Dienst tun, und es gibt ein Leben im „*Allerheiligsten*", wo nur Gott ist, und wo es still und dunkel ist. Denn Gott wohnt im Dunkeln (1. Kön. 8, 12). Bei Gott leben im Allerheiligsten, heißt Ihm anhangen, nicht wegen der Tröstungen und Gaben, nicht um fruchtbar sein zu können, nicht um herrlich werden zu können, sondern ganz allein um Seiner selbst willen. Hier ist der Seele nichts mehr groß als Gott allein. Sie sind eingegangen zur Sabbatruhe.

Nach Kolosser 3 hat derjenige ein verborgenes Leben, der sein Gutes zudeckt und verbirgt, der nicht hier den Lohn haben will, sondern wartet auf den Tag der Offenbarung, wo Gott es offenbar macht in Herrlichkeit. Es heute selber offenbar machen, heißt die Samenkörner in die Sonne legen, statt in die dunkle Erde (Joh. 12, 24) — denn da allein wachsen sie und werden zur hundertfältigen Frucht. Dein gutes Werk ist ein gutes Samenkorn; aber weil du es ans Licht gebracht hast, statt im Dunkel der Vergessenheit zu lassen, bleibt es allein; es vermehrt sich nicht zur dreißig-, sechzig- und hundertfältigen Frucht. Jesus lebte vor allen ein verborgenes Leben. Er verbarg nicht nur Sein Tun, sondern sich selbst in Knechtsgestalt (Phil. 2). O laßt uns von Ihm lernen! Ein Beweis, daß wir Gestorbene (Kol. 3, 3) sind, ist der, wenn wir begehren, beiseitegesetzt zu werden, und zwar nicht nur von der fremden Welt, sondern von unseren Freunden. Jesus wurde gekreuzigt von Seinen Feinden und begraben von Seinen Freunden. Dürfen dich deine Freunde begraben?

Der Glaubenskampf

1. Tim. 6, 12

Die Kampfesweise, die uns die *Vernunft* lehrt, heißt: kämpfe, siege, und so wirst du zur Ruhe kommen. Die Kampfesweise hingegen, die uns die *Schrift* lehrt, heißt: glaube, ruhe, und du wirst Sieg haben.

Wir finden in der ganzen Heiligen Schrift diese Reihenfolge und keine andre. Der Jünger, der am Herzen Jesu ruhte, konnte mit Ihm gehen bis zum Kreuz (Joh. 19, 26); alle andern flohen. Wir können nicht an Sieg denken, solange wir nicht mit allem völlig zur Ruhe gekommen sind in Gott. Erst, wenn wir gelernt haben, alles zu tun aus der Ruhe in Gott heraus, werden wir Schritt für Schritt den Sieg haben. Wir lesen in Hebräer 4, dem Ruhekapitel: „Wir, die wir glauben, gehen in die Ruhe." Und wenn wir das Buch Josua lesen, das uns, wie kein andres Buch der Bibel, den Glaubenskampf so klar zeigt, so finden wir überall diese Reihenfolge: Glauben, Ruhe, Sieg.

1. Der Glaubenskampf kann nur auf dem Boden des Glaubens gekämpft werden. Darum geht der Feind in seinen Versuchungen vor allem darauf aus, uns von dem Boden des Glaubens herunter-

zubringen — dann sündigen wir von selbst. Als Abraham in der Schwierigkeit den Boden des Glaubens verließ, verunehrte er Gott (1. Mose 12,10—20). Wir wissen gar nicht, welche Freude es dem Feind bereitet, wenn er uns unser Leben mit seinen Schwierigkeiten, Aufgaben, Wünschen und Bedürfnissen in unsre Hände geben kann! Er weiß gewiß, daß wir dann sündigen. Behalte nur einen Wunsch für dich zurück — und wenn es ein frommer ist —, und du wirst erfahren, daß sich der Feind da hineinsetzt und dich damit quält und zu Fall bringt.

2. Darum kann der Glaubenskampf nur von denjenigen gekämpft werden, die das eigene Leben für immer in den Tod gegeben haben. Nur diejenige Übergabe hält stand und wird vom Geiste versiegelt, die eine Übergabe ist in den Tod, d. h. wenn man sein Leben Jesus übergeben hat, um es zu *verlieren.* Sonst können wir uns dem Herrn hundertmal übergeben, und es kommt bei der jedesmal erneuten Übergabe weiter nichts heraus als unser altes Elend. Wer sein Leben so zu übergeben hat, um es zu verlieren, der hat nichts mehr zu riskieren. Wenn die Schwierigkeiten an ihn herantreten, so befremden sie ihn nicht; denn er erinnert sich, daß er sein Leben Jesus übergeben hat, um es zu verlieren. Er weiß, daß er auf dem rechten Wege und auf dem rechten Platz ist. Der Fall der ersten Eltern fing damit an, daß sie sich selbst zum Mittelpunkt machten. Der Versucher sprach: *„Ihr werdet sein!"* (1. Mose 3, 5.) Und in jenem Augenblick, als sie

dies glaubten, fielen sie, d. h. innerlich; in jenem Augenblick, als sie das glaubten, wurde das *„falsche Ich"* geboren — und dann kam die Sünde. Darum kam Christus mit dem Kreuz (Röm. 5, 6), um den alten Menschen wegzutun und einen neuen Menschen (Eph. 2, 15) zu schaffen. Denn die tiefste Bedeutung des Kreuzes ist die Erlösung von uns selbst (2. Kor. 5, 15); darum ist ein Mensch erst dann gerettet, wenn er gerettet ist von sich selbst. Aller Kampf gegen die Sünde, alle Tränen über die Sünde sind umsonst, wenn wir nicht mit unserm alten Menschen in die Kreuzesgemeinschaft mit unserm Haupt eingehen. Denn unser alter Mensch ist nach Röm. 6, 6 „der Leib der Sünde", d. h. das Organ für die Sünde, die Quelle des Sündigen.

3. Glaubenskampf ist da, wo das Waffengeklirr unsrer eigenen Waffen aufgehört hat und der Geist (Luk. 4, 14) den Kampf führt. Jesus wurde vom Geist in die Wüste geführt, wo der Kampf Seiner wartete. Er ging in des Geistes Kraft in den Kampf und ging darum in des Geistes Kraft (Luk. 4, 14) aus dem Kampf. Sein Anführer im Kampf war der Geist, und Seine Rüstung im Kampf war der Lammessinn. Der Lammessinn war der Nerv Seiner Stärke, oder wie Paulus Eph. 6, 11 sagt: „Die ganze Waffenrüstung Gottes". An dieser Waffenrüstung Gottes hat der Feind alle seine Pfeile zerbrochen. Denn alles kann überwunden werden, nur die Lämmer nicht. Das Siegel, das sie tragen, heißt: „Unüberwindlich!" (Röm. 8, 36. 37.)

4. Glaubenskampf ist da, wo jede Regung un-
göttlichen Wesens bei uns oder bei andern ein
Anlaß wird, völliger das ewige Leben zu ergreifen.
Denn in diesem Zusammenhang versteht es wohl
Paulus 1. Tim. 6, 6—12.

Nicht in Anfechtung fallen

Matth. 26, 41

Es ist nicht genug, daß wir nicht in Sünde fallen; wir sollen nach dem Wort des Herrn auch nicht in Anfechtung fallen. Wir sind in Anfechtung gefallen, wenn die Anfechtung in uns hineinkommt und über uns herrscht, wenn sie in uns eine treibende Kraft, ein brennendes Feuer, ein lähmendes Gewicht geworden ist.

Offenbar ist ein Unterschied zu machen zwischen *„angefochten werden"* und in *„Anfechtung fallen"*. Der, welcher angefochten wird, soll wachen und beten, daß er nicht in Anfechtung fällt. Angefochten wird man, wenn die Anfechtung wie der Dieb um das Haus herumgeht und sucht und probiert, wo er einbrechen kann. In Anfechtung gefallen ist man, wenn die Anfechtung wie der Dieb ins Haus gedrungen ist. Nun ist der Kampf da und die Frage: Wer gewinnt? Bringst du den Feind wieder hinaus, oder bindet er dich und beraubt dich deines Gutes? Bei vielen ist der Feind eingedrungen und hat sie gebunden und sie als Gebundene in ihrem Hause liegen lassen, d. h. die Anfechtung ist bei ihnen wohl nicht zur offenbaren Sünde geworden, aber sie hat sie doch innerlich lahmgelegt, ausgetrocknet und untüchtig gemacht für das Werk des Herrn.

Als Jesus dieses Wort zu Seinen Jüngern sagte, waren sie angefochten; darum ermahnte Er sie, nicht in Anfechtung zu fallen. Und weil Er dieses Wort gerade während des Kampfes in Gethsemane gesagt hat, können wir annehmen, daß Sein Kampf in Gethsemane hauptsächlich darin bestand, nicht in Anfechtung zu fallen — nicht zu zweifeln, nicht zu denken: Ich komme nicht durch! Was wäre es gewesen, wenn Er gesagt hätte: Ich kann den Kelch nicht trinken! Denn die Seele, die in Anfechtung gefallen ist, sagt nicht: Ich will nicht!, sondern sie sagt: *Ich kann nicht!* Ich kann das nicht ertragen; ich kann da nicht durchkommen; ich kann nicht glauben usw. Sagst du so, dann bist du schon in Anfechtung gefallen. Du bist zu dir selbst zurückgekehrt, hast deine Schwierigkeit oder dein Begehren in deine Hand genommen — und nur noch ein Schritt, und du wirst sündigen. Abraham war in Anfechtung gefallen, als er im murrenden Ton zu Gott sagte: „Mir hast Du keinen Sohn gegeben!" (1. Mose 15, 3.) Mose war in Anfechtung gefallen (4. Mose 11, 10—15), als er sprach: „Des Volkes ist zu viel; ich kann es nicht tragen!" Elia war in Anfechtung gefallen (1. Kön. 19, 3), als er Gott bat: „Es ist genug; so nimm nur meine Seele von mir!" David war in Anfechtung gefallen, als er sprach: „Eines Tages werde ich doch noch in die Hände Sauls fallen!" (1. Sam. 27, 1.)

Manche bereiten sich selbst Anfechtungen und fallen dann hinein. Du hast dir etwas gewünscht, hast es dir ausgedacht und ausgemalt und mit deinem Herzen davon Besitz genommen — und siehe, nun kommt es ganz anders! Oder du möchtest diese oder jene geistliche Gabe oder Segnung. Andre haben sie; du möchtest sie auch haben. Du sagst: Ich muß es jetzt haben; ich stehe nicht eher von den Knien auf, bis ich es habe! Du schließt dich in dein Zimmer ein; du willst stille sein und eine Begegnung mit Gott haben; aber statt dessen hast du eine Begegnung mit dem Feind; statt tiefer in das Leben aus Gott zu kommen, kommst du tiefer in die Anfechtung, fällst sogar in die Anfechtung. Warum? Es war nicht Gottes Augenblick, dich in die Stille zu führen; es war nicht Gottes Zeit, dir das zu geben. Du hast dich selbst geführt und gequält. Du bist in eine Traurigkeit gefallen — nicht in eine göttliche ,— woraus der Feind viel Nutzen zieht, dich zu entmutigen und aufzuhalten. Du bist auf einem scheinbar frommen Weg zu dir selbst zurückgekehrt, hast dich selbst zum Mittelpunkt gemacht, und das bringt viel Schmerzen.

Es sind vor allem *vier* Dinge, die ein Anlaß werden können, daß wir in Anfechtung fallen: 1. *durch Schmerz* — man wird schwermütig; 2. *durch Furcht* — man wird verzagt; 3. *durch Ärger* — man stößt sich; 4. *durch Lust* — man wird begehrlich. Denke darüber nach!

Es ist auch nicht genug, wenn wir uns selbst bewahren vor Anfechtungen; wir dürfen auch andre nicht hineinbringen. Und wie oft haben wir das

getan, besonders durch unser ungöttliches Wesen!
Wir wollen unsre Umgebung vor Sünden bewahren; denken wir daran, sie auch vor Anfechtung
zu bewahren? (Matth. 18.)

Gebetsleben

Offb. 22, 4

Die Seele des Gebetslebens ist die *Liebe*, die in jedes Gläubigen Herz ausgegossen ist durch den Heiligen Geist (Röm. 5, 5). Weil Beten eine verborgene Arbeit ist, muß sie aus der reinen Gottesliebe geboren sein und von derselben genährt werden, sonst ist es unmöglich, sie mit Treue zu tun. Es ist leichter, treu zu arbeiten, als treu zu beten. Denn viele sind der Dinge, die uns in bezug auf die Arbeit in Spannkraft halten, die aber in bezug auf das Gebet gar nicht in Betracht kommen.

Beten kann darum nur, wer den Heiligen Geist (Röm. 8, 26. 27) in sich wohnen hat. Nur der Heilige Geist ist der Geist des Gebets. Nur durch Ihn vermögen wir erhörlich und durchdringend zu beten. Durch Ihn empfangen wir die Gebete von oben. Denn die Gebete, die nach oben steigen sollen, müsssen zuerst von oben gekommen sein. Gott muß uns eine Sache auf das Herz legen können. Nicht durch die Not, sondern von Gott müssen wir unsre Gebetsgegenstände empfangen. Mose ließ sich durch die Not bestimmen, seinen Brüdern zu helfen, statt von Gott, und floh deshalb, sobald die Schwierigkeit kam (2. Mose 2, 11—15). Denn die menschlichen Gefühle reichen in der Regel nicht weiter als bis zum Widerstand. — Gott muß uns durch Seinen Geist antreiben können, jetzt für eine Sache zu beten, weil vielleicht gerade Seine Zeit gekommen ist, da er uns diese Sache geben kann. Daniel, getrieben von dem Heiligen Geist, forschte in dem Propheten Jeremia, wie lange die Gefangenschaft Israels dauern sollte. Und als er merkte, daß diese Zeit bald zu Ende sei, fing er an, mit Beten und Fasten Gott zu suchen für die Rückkehr seines Volkes (Daniel 9). Viel öfter ist es die Unwissenheit als der Unglaube, welche die Erhörung nicht kommen läßt. Man wollte eine Sache von Gott erbeten, ohne dafür einen Auftrag oder doch wenigstens ein Angeld zu haben. Die Jünger hatten für ihr anhaltendes Gebet vor Pfingsten ein ganz bestimmtes Angeld vom Herrn in den Worten: „Ihr werdet mit dem Heiligen Geist getauft werden *nach nunmehr nicht vielen Tagen*" (Apg. 1, 5). Darin lag die Freudigkeit und die Kraft zum Ausharren im Gebet.

Beten kann nur, wer vom Geiste Gottes gelehrt ist und von demselben in Gottes Reichsgedanken eingeführt ist. In Offenbarung 22, 17 sehen wir eine Schar, genannt „Braut", die so eins gemacht ist mit dem Geiste, so in Seine Linien gebracht ist, auch in ihrem Gebetsleben, daß sie mit Ihm den gleichen Gebetsruf hat: „Komm, Herr Jesus!" Sie weiß, was sie beten soll! Und wenn auch wir vom Geist uns lehren lassen, wird die Spitze auch in unsrer Arbeit und in unsrem Gebet diese sein: „Komm, Herr Jesus!"

Beten kann nur, wer ein Priesterherz hat, wer gelernt hat, mit den Unheiligkeiten andrer heilig umzugehen, wer die Fehler andrer nicht in seinem Kopf sammelt, um sie weiterzuerzählen, sondern wer dieselben in sein Herz aufnimmt und sie auf Händen des Gebets ins Heiligtum trägt. Die Priester tragen die Sünden andrer ins Heiligtum und nicht zu den Menschen, wo in der Regel zu der einen Sünde noch viele hinzugemacht werden. (Beachte Psalm 50, 19—21.) Nicht ein Falkenauge, sondern ein Taubenauge hat die Braut. Der Teufel ist kein Beter, aber ein Verkläger der Brüder. Nach Offenbarung 1, 5 ist Christus auch darum gestorben, damit die Erlösten Beter würden. Wir sind erlöst, um Beter zu sein. Das Plätzlein, das uns Jesu Blut gegeben hat, ist vor dem Angesicht Seines Vaters als Könige und als Priester.

Beten kann nur, wer Gottes Wort in sich aufnimmt. Wer das nicht tut, hat bald keine Bestimmtheit mehr in seinem Gebet und auch keine Worte mehr zum Beten. Gottes Wort und Gebet gehören zusammen wie das Einatmen und Ausatmen in unsrer Brust. Jedes Gebet muß aus dem Wort geboren sein und in den Linien des Wortes sich bewegen. „Es steht geschrieben!" Von diesem Fels muß vor allem ein Beter gedeckt sein, wenn ihn die giftigen Pfeile des Feindes nicht treffen sollen.

Beten kann nur, wer weiß, was die täglichen Schwierigkeiten für ihn zu bedeuten haben. Jede Schwierigkeit soll ein Anlaß werden, tiefer in

Gottes Gnadenreichtum einzudringen. Schwierigkeiten sollen eine Speise sein für unsern Glauben, nicht Material für Niederlagen. Die meisten Gebete in der Heiligen Schrift sind herausgeboren aus den Schwierigkeiten.

Beten kann nur, wer beständig in der Gegenwart Gottes lebt. So bleiben wir in dem heiligen Gleichgewicht, wo man Gott immer hat und nicht suchen muß.

Innere Erfahrungen

Der Weg der innern Erfahrungen gleicht nicht einer geraden Linie, sondern eher einer Kette von Ringen oder Kreisen. Jede neue Wahrheit, die uns aufgeschlossen wird und sich in uns verwirklicht, ist so ein neuer Kreis, und man bewegt sich eine Zeitlang in diesem Kreis mit einer innern Befriedigung und zum Segen für andre, bis man merkt, daß man alles erfahren hat, was in diesem Kreis erfahren werden kann, und daß man wieder auf dem Punkt angekommen ist, wo man vor einem Jahr oder länger ausgegangen ist. Man wird sich bewußt, daß man aufgebraucht hat, was man empfangen hat, und daß man vor einem Übergang steht in einen neuen Kreis hinein. Gott hat uns vielleicht schon den neuen Kreis gezeigt; wir sehen wie Mose ein herrliches Land vor uns, und wir haben eine Ahnung von dem Leben und den Erfahrungen in diesem Kreis; aber wie hineinkommen? Das ist die wichtige Frage! Die Schwierigkeit liegt für die meisten darin, den Übergang zu finden. Denn es geht auch hier wieder durch eine enge Pforte hindurch, und es heißt: tiefer hinuntersteigen, kleiner und entblößter werden.

Nicht nur vor dem verheißenen Land floß der Jordan, sondern vor jeder Verheißung fließt ein Jordan, der im Glauben durchschritten werden muß.

Und je größer und herrlicher der vor uns liegende Segen ist, desto tiefer ist der Jordan. Jordan heißt: Fluß des Todes. Es muß ein Stück Tod in uns und um uns durchschritten werden. Wir müssen tiefer in Seine Todesgemeinschaft eingehen, nur so können wir ein neues Lebensgebiet betreten, wie Jesus sagt (Joh. 6, 53): „Wahrlich, wahrlich, ich sage euch: Es sei denn, daß ihr das Fleisch des Sohnes des Menschen esset und Sein Blut trinket, so habt ihr kein Leben in euch selbst." *Leben in euch selbst!* Dieses herrliche Gebiet hatte Jesus den Jüngern gezeigt; aber sie fürchteten sich vor der engen Pforte, die da hineinführte, und blieben nicht nur stehen, im alten Kreis, sondern sie gingen sogar zurück. Sie wollten gewiß weiter; aber sie konnten nicht verstehen, daß es immer wieder durch eine enge Pforte hindurchgehen soll; sie fürchteten das „enger" und „tiefer". So kam es zu keiner Geburt aus dem Geist; es konnte kein tieferes Werk in ihrer Seele geschehen, und die Erfahrungen, die sie früher gemacht hatten, verloren ihre Bedeutung und damit ihre Kraft und ihren Segen. Der Segen, den diese Jünger durch Johannes empfingen in Buße und Vergebung der Sünden, war für die meisten vergeblich (Luk. 3, 16), weil sie Jesus, dem Lamm Gottes, nicht folgten, der sie zur Geburt aus dem Geist führen wollte. Sie endeten im Fleisch. Sie wurden Feinde des Kreuzes Christi. So jeder, der dem Herrn vorschreiben will, wie weit Er mit ihm gehen darf.

Laßt uns darum nicht stehenbleiben bei unsern gesegneten Erfahrungen. Eine Erfahrung ist nur dann herrlich, wenn wir mit derselben eine noch herrlichere machen. Paulus hatte herrliche Erfahrungen gemacht, und doch sagt er: „Ich vergesse, was dahinten ist!" Und damit meint er nicht nur seine Vergangenheit, seine Sünden und sein Zukurzkommen, sondern auch seine herrlichen Erfahrungen. Er war ergriffen von dem, was er noch nicht ergriffen hatte; er blieb einer, der sich ausstreckte. Er sah noch einen Kreis vor sich als alter Mann. Dieser Kreis heißt: „Auferstehungsleben!" Und die Pforte zu diesem Kreis heißt: Gemeinschaft mit Seinen Leiden, Gleichheit mit Seinem Tode (Phil. 3).

Wir sind ja erst Kindlein in Christus und stehen noch immer im Vorhof, wo man das Opfer anschaut und das Blut fließen sieht und sich freut über das, was Christus für uns getan hat. Was aber Christus für uns getan hat, will Er auch in uns tun, damit wir für Ihn tun können, was Er für uns getan hat. Wir sind gerecht geworden durch den Glauben (1. Joh. 2, 29), um gerecht zu leben. Christus hat sich für uns geheiligt (Joh. 17), damit auch wir Geheiligte seien in Wahrheit. Wir sind erlöst (Röm. 8, 19), um mitzuhelfen an der Erlösung.

Nimm dir auch die Erfahrungen andrer nicht zum Vorbild und dränge die deinen niemand auf. Gott führt nicht alle gleich. Jesus sprach zu Maria:

„Rühre Mich nicht an!", und zu Thomas sprach Er: „Reiche deine Hand her und lege sie in Meine Seite." Viele sind vertrocknet, weil sie bei den Erfahrungen ihrer Führer stehengeblieben sind und lebten von dem Erlebten.

Überfließendes Leben

Offb. 22, 1

Was wir brauchen, ist überfließendes Leben. Wir sind erst von dem Augenblick an ein Segen, wo wir dieses überfließende Leben empfangen.

Was ist überfließendes Leben? Nicht überfließende Gefühle, nicht überfließende Freude, nicht überfließende Worte, sondern überfließendes Leben. Es ist das Leben für andre. Denn Leben und Geben gehört zusammen wie das Einatmen und Ausatmen in unsrer Brust. Wenn wir verstehen wollen, was überfließendes Leben ist, müssen wir das Leben des Lammes anschauen. Als Er Sein Leben gab am Kreuz, da war Sein Leben im höchsten Grad ein überfließendes. Sein Leben war segenbringend von dem Tage Seiner Geburt an; aber lebenrettend und heilbringend war es erst, als Er es in den Tod gab.

Mit Pfingsten empfingen die Apostel dieses überfließende Leben. Und von da an lebten sie das Leben des Lammes. Sie hatten vorher Leben und Macht; sie machten Kranke gesund, trieben Teufel aus, predigten das Wort Gottes usw.; aber *eine* Macht hatten sie nicht, sie hatten nicht die Macht, ihr Leben zu lassen (Joh. 10, 17. 18). Diese Macht empfingen sie erst mit Pfingsten. Von nun an achteten sie ihr Leben selbst nicht mehr teuer. Darin bestand vor allem die Ausrüstung des Geistes. Das war überfließendes Leben.

Betrachte die Männer, die der Welt ein Segen waren. Waren sie es anders als auf dem Weg der Selbstverleugnung? Abraham hatte überfließendes Leben, als er zu dem König von Sodom sagte: „Nichts für mich!" (1. Mose 14, 22—24). Mose hatte überfließendes Leben, als er für die Schwester, die gegen ihn gesündigt hatte, gen Himmel schrie: „Ach Gott, heile sie!" Luther hatte überfließendes Leben, als er, gebunden durch die Wahrheit, ausrief: „Hier stehe ich, ich kann nicht anders!" Wesley hatte überfließendes Leben, als er für sich und seine verfolgten Brüder das Motto wählte: „Wenn nur Gott mit uns ist!"

Wie erlangen wir das überfließende Leben? Wenn Christus lebt in uns! Wenn Christus lebt in uns, so lebt Er Sein Leben in uns weiter, wie Er es lebte auf Erden im Dienen, Lieben, Tragen usw. Das Leben des Apostels Paulus war darum dem seines Herrn so ähnlich, weil er sagen konnte: „Christus lebt in mir!" (Gal. 2, 20). Wie könnten wir auch anders Sein Leben fortsetzen? Denn „Christus lebt in mir" heißt praktisch genommen doch gar nichts andres als: Christus setzt durch mich Sein Leben fort! Petrus sagt, daß Er uns berufen habe, um Seine Vortrefflichkeiten zu verkündigen (1. Petr. 2, 9). O welch ein Beruf! Wie jedes Blatt in unserm

Bibelbuch ein Stück Herrlichkeit Gottes darstellt, ein Stück Offenbarung Gottes ist, so dein und mein Leben. Haben wir unsrer Umgebung die Vortrefflichkeit des Lammes gezeigt? O wir haben alle den Weg des Lammes verlassen! Wir haben, wie die Braut, unsern Herrn im Tal der Demut und Armut wandeln lassen; aber wir sind in unsrer Größe und in unserm Stolz einhergeschritten. Wir haben Ihn gepriesen als das Schlachtschaf; aber wir sind in Selbstsucht und Selbstgefallen steckengeblieben (Hohel. 4, 8). Aber der Bräutigam muß Seine Braut an Seiner Seite haben; darum ruft er: „Komm herab!" Er steigt nicht hinauf zu uns. Wir müssen zu Ihm hinab.

Wir lesen von Ihm: „Er leerte sich selbst aus!" (Phil. 2, 7.) Und wenn du dich Ihm hingibst, tut Er mit dir das gleiche. So empfängst du überfließendes Leben. Eine Gießkanne mag voll Wasser sein; aber sie nützt den verschmachteten Gartenbeeten nichts, bis sie der Gärtner in die Hand bekommt und ausleert. Das tut Jesus mit uns, wenn wir uns Ihm übergeben. Er sagt Johannes 6: „Ich gebe Mein Leben für die Welt." Und wenn wir unser Leben Ihm hingeben, tut Er mit dem unsrigen wie mit dem Seinigen.

Wartet doch nicht auf außerordentliche Erfahrungen! Laßt doch euer Christentum praktisch werden! Nimm das gute Buch, das du mit Segen gelesen hast, und schenke es einem andern, und dein Leben fängt an überzufließen. Nimm deine Zigarre, dein Glas Bier, deinen Fingerreif, deine unnötigen Kleidungsstücke und lege sie auf den Altar des Herrn, und dein Leben fängt an überzufließen. Gib deiner Umgebung deinen Gehorsam gegen Gott, gib ihr deine Gebete, gib ihr einen freundlichen Blick, ein freundliches Wort, einen freundlichen Dienst, und dein Leben fängt an überzufließen. Liebe, die nicht lieben; schilt nicht wieder, wenn man dich schilt; ertrage das Unrecht, und dein Leben fängt an überzufließen.

Unheiligkeiten andrer

Wir müssen lernen, heilig umgehen mit den Unheiligkeiten andrer Brüder und Schwestern. Als Priester müssen wir ihre Fehler ins Heiligtum tragen zu Gott und nicht hinaus ins Lager zu dem Volk, wo dann gewöhnlich zu der einen Sünde noch viele hinzugemacht werden und viele dadurch verunreinigt werden (Hebr. 12, 14. 15). Ein Priester in Israel, der die Sünde seines Bruders hinausgetragen hätte ins Lager, statt ins Heiligtum, wäre gesteinigt worden. Man hätte gesagt: „Er hat eine *Todsünde* begangen; er muß sterben!"

Wenn dein Bruder an dir sündigt, so sollst du ihm gegenüber nicht schweigen und es andern erzählen, sondern du sollst deinen Bruder strafen, und wenn er auf dich hört, so sollst du andern gegenüber von seinem Fehler schweigen (3. Mose 19, 16. 17). Und wenn du an deinem Bruder Fehler siehst, und ein andrer sieht sie auch, so sollt ihr miteinander *eins* werden, für das Anstößige an deinem Bruder zu beten, sein Ärgernis sonst nirgends hinzutragen als ins Heiligtum, wo ihr um Erleichterung und Erlösung fleht für ihn. Denn so ist das Wort in erster Linie dem Zusammenhang nach zu verstehen: „Wenn zwei unter euch *eins* werden, um was irgend es ist, daß sie bitten, es soll ihnen gegeben werden." Bist du schon einmal auf diese Weise *eins geworden* mit deinem Bruder? Das ist priesterlich!

Nach dem Gleichnis in diesem Kapitel kann man die Vergebung der Sünden nicht nur *verlieren,* sondern sie kann einem sogar wieder *genommen* werden, und zwar von Gott selber — wenn man unbarmherzig ist gegen die Fehler andrer. Dieser unbarmherzige Knecht hatte Vergebung von seinem Herrn für seine große Schuld; aber weil er unbarmherzig war gegen seinen Mitknecht, wurde ihm die Vergebung wieder genommen und die ganze Schuld wieder auf ihn gelegt. So kommen viele unter einen Druck, in Gefangenschaft — auch oft mit dem Leibe —, in Umdunklungen, und wissen nicht warum. Hier ist eine Antwort in diesem Kapitel.

1. *Weißt du, mit welchen Leuten Gott die Gemeinschaft aufhebt?* Mit Leuten, die unversöhnlich sind! In Matth. 5, 24 sehen wir Leute, die vom Angesicht Gottes weggeschickt werden, zu denen Gott sagt: Geh fort! Wir können niemals die Gemeinschaft mit Gott genießen, wenn die Gemeinschaft mit unsern Brüdern durch Sünde gestört ist.

2. *Weißt du, wie man zur Wüste und Einöde wird?* Wenn man Gewalttat übt an seinem Bruder! In Joel 3, 19 lesen wir: „Ägypten wird zur Einöde

und Edom zu einer Wüste werden wegen der Gewalttat an den Kindern Judas."

3. *Weißt du, welche Leute die Schrift „Gottvergessene"* nennt. Wir wollen es lesen Psalm 50, 19—22: „Deinen Mund ließest du los zum Bösen, und Trug flocht deine Zunge. Du saßest aber, redetest wider deinen Bruder, wider den Sohn deiner Mutter stießest du Schmähungen aus. Solches hast du getan, und Ich schwieg; du dachtest, Ich sei ganz wie du. Ich werde dich strafen und es dir vor Augen stellen. Merkt doch dieses, die ihr *Gottes vergesset!"* Die Fehler eines Bruders in herzloser Weise andern erzählen, die gerade so herzlos sind wie wir, das ist *„richten"* (Matth. 7, 1), und das bleibt nicht ohne Gericht.

4. *Weißt du, wie man gedeiht?* Es steht Jesaja 58, 6—9: „Laß ab, welche du mit Unrecht gebunden hast; laß ledig, welche du beschwerst; gib frei, welche du drängst; reiß weg allerlei Last . . . Alsdann wird dein Licht hervorbrechen wie die Morgenröte, und deine Heilung wird eilends wachsen . . . Dann wirst du rufen, und Jehova wird dir antworten; du wirst um Hilfe schreien, und Er wird sagen: Hier bin ich! Und beständig wird Jehova dich leiten, und Er wird deine Seele sättigen in der Dürre und deine Gebeine rüstig machen."

Paulus ermahnt die Römer Kapitel 6, 13, daß sie ihre Glieder nicht der Sünde geben sollen zu „Waffen der Ungerechtigkeit", sondern daß sie dieselben Gott darstellen sollen zu „Waffen der Gerechtigkeit". Dein Auge, dein Ohr, deine Zunge sollen Waffen für Gott werden, durch die Sein Reich der Gerechtigkeit auf Erden ausgebreitet wird, und nicht Waffen, die der Feind in seine Hand bekommt und sein Reich der Ungerechtigkeit und Verwirrung dadurch erweitert.

Wir sind ja nicht Schuldner dem Fleisch (Röm. 8, 12), d. h. wir müssen das, was auch bei unserm Bruder noch Fleisch ist, nicht nähren — aber tragen! Denn durch unsre Lieblosigkeit wird unser Bruder nicht gebessert, sondern kommt nur tiefer in sein eigenes Wesen hinein.

Der Ausweg

2. Mose 12

Zehn Plagen kamen über Ägypten, aber alle diese schafften dem geknechteten Volk Israel keinen Ausweg. Erst als das Lamm kam, als sie drinnen das Lamm aßen und draußen an die Türpfosten sein Blut gestrichen hatten, da gab es einen Ausweg für das Volk. Als das Lamm in den Hütten Israels war, da konnten sie ziehen. Denke nicht, daß deine Krankheit, dein Sündenbekennen, dein Durchrichten, wie du es gegenwärtig erfährst, dir den Ausweg schaffe aus deiner Knechtschaft; alle diese Dinge sind nur Vorbereitung, sie machen nur dem Lamme Bahn. Nicht das Gericht, sondern die Gnade, die im Gericht ist, macht frei und wirkt erlösend. Nicht das Feuer im glühenden Ofen löste die Fesseln der drei Freunde Daniels, sondern der *„vierte"*, der Menschensohn, der mit im Feuer war, tat es. Er allein hat Gewalt über alles Fleisch (Joh. 17, 2). Ist noch Fleisch in deinem Wesen, Vergängliches, was den Geruch des Todes und der Verwesung trägt? Er hat Macht, es dir wegzunehmen und an dessen Statt dir ewiges Leben zu geben. Ist noch Ungelöstes, Ungebrochenes in deinem Charakter? Das Lamm kann lösen, was ungelöst ist, und kann brechen, was ungebrochen ist

(Offb. 5, 1—5). Es kann Dinge geben in unserem Leben, die wie ein versiegelter Knoten sind. Wir haben versucht, dieselben zu lösen, und haben andre gebeten, es zu tun, und siehe, es hat bis heute keine Lösung gegeben. Aber laß uns zu dem Lamm kommen. Er ist der *„Letzte"* (Offb. 1, 17). Er kann, was niemand im Himmel noch auf Erden noch unter der Erde vermag. Als die Ältesten der Kinder Israel vergeblich um Erleichterung gebeten hatten bei Pharao, und Mose vergeblich um Befreiung nachgesucht hatte, und deswegen entmutigt zu Gott schrie: „Du hast dein Volk *durchaus* nicht errettet!", da sprach Jehova: „Nun sollst du sehen, was *Ich* dem Pharao tun werde!" Und Jehova kam mit dem Lamm und gab Rettung in dem Lamm. Hast du keine Befreiung gefunden durch die Ältesten, die Erfahrenen, und keine durch Mose und Aaron, die Gesandten? Verzage nicht, es ist ein Ausweg in dem Lamm. Sein Blut schafft Lösungen auch von den Sünden und Leidenschaften, die sozusagen in unserem Blut liegen. Auch durch unser Fleisch und Blut hindurch hat Er einen Ausweg, einen Durchbruch geschaffen. Wir lesen Hebräer 2, daß Er Fleisch und Blut an sich genommen habe, um dem, der durch Fleisch und Blut auf uns gedrückt und uns in Knechtschaft gehalten, die Macht zu nehmen. Auch hierin hat Er uns einen Ausweg gemacht.

Das Lamm ist nicht nur der Ausweg aus jeder Gebundenheit, *es ist auch der Ausweg aus uns selbst heraus.* Jeder Schritt Ihm nach wird zugleich ein Schritt aus uns heraus. In den Fußstapfen des Lammes gleicht sich jeder Widerspruch und jede Unebenheit in unserm Wesen aus, bis Sein Name und der Name Seines Gottes auf unsrer Stirn geschrieben stehen, wie Paulus sagt 2. Korinther 3, 18: „Wir werden verwandelt in dasselbe Bild von Herrlichkeit zu Herrlichkeit." *Wie* werden wir verwandelt? Indem wir anschauen die Herrlichkeit des Herrn, die Herrlichkeit des Lammes und mit unsern Füßen praktisch in Seinen Weg hineinkommen. Und Sein Weg war ein Weg der Selbstvernichtung. Wir lesen Philipper 2: *„Er machte sich selbst zu nichts!"* Das muß obenan stehen bei uns: *Zu nichts will ich werden!* Dann kann man sich erniedrigen und sich hergeben bis zum Ausgeleertwerden von allem Eigenen. Und dann kann Gott Seine Hand auf uns legen und einen Preis aus uns machen, nicht nur Seiner Gnade, sondern einen Preis Seiner Herrlichkeit (Eph. 1, 14). Du wolltest Durchbrüche erleben, Triumphe feiern über dich selbst und alles Niedrige, wolltest jede Stunde und in allen Lagen das innere Gleichgewicht der Seele haben, und doch hast du bei allem aufrichtigen Suchen den Weg und den Sieg nicht gefunden. Warum nicht? Du wolltest dies alles an dich reißen wie ein Held und dann natürlich auch zur Schau tragen wie ein Held. Aber es gibt innere Erfahrungen und Lösungen, die man nicht an sich reißen kann wie einen Raub, sondern die erfahren werden müssen. Gott hat sie hineingeordnet in unsern Lebensweg; aber wir müssen gehen bis zu jenem Punkt, wo Seine Hand sie hingestellt hat. Und jener Punkt ist jedesmal da, wo wir die Segnungen Gottes so empfangen und erwarten können, daß dabei nichts abfällt für das eigene Leben, wo jede Lösung, die Gott schafft, nur ein Angeld ist für eine noch tiefere. Denn es gibt keine Befreiung von der Sünde, wenn man sich nicht befreien lassen will von sich selbst.

Gesegnetes Bibellesen

Welches ist ein gesegnetes Bibellesen?

1. Wenn uns in dem gelesenen Wort gerade das aufgeschlossen und gegeben wird, was uns gerade zu dieser Stunde not tut, so daß wir Antwort bekommen auf die Fragen, die in unserm Herzen sind, und Klarheit erlangen über die Verhältnisse, in denen wir gerade jetzt stehen. Während Daniels Herz bewegt war wegen der Gefangennahme seines Volkes und sein Geist sich beschäftigte mit der Rückkehr desselben, fand er in dem Propheten Jeremia, daß die Gefangenschaft Israels 70 Jahre dauern sollte (Dan. 9, 2). Er bekam Antwort auf die Frage seines Herzens und Klarheit über seine Verhältnisse. Das war ein gesegnetes Bibellesen. So kam „das Wort des Herrn" zu ihm, nicht in einem *Gesicht*, sondern in der *Schrift*. Auf diese Weise muß das Wort des Herrn auch zu uns kommen; denn nicht jedes Wort Gottes hat zu jeder Stunde für uns die gleiche Bedeutung. Viele machen den Fehler, indem sie meinen, sie müßten das Kapitel, das sie im Morgen gelesen haben, auch verstehen. Das ist nicht nötig. Es ist genug, wenn wir aus dem Kapitel gerade das empfangen haben, was wir für den heutigen Tag nötig haben. Und das kann oft nur in einem Satz oder gar in einem Wort liegen.

2. Wenn wir die Schrift nicht nur in bezug auf unsre Gefühle und Bedürfnisse lesen, sondern auch in bezug auf die Gefühle und Bedürfnisse Gottes. Die Bibel lesen, um unsre Bedürfnisse kennenzulernen und um zu sehen, wie dieselben befriedigt werden können, ist nur die *eine* Seite des Bibellesens; wir müssen die Bibel auch lesen, um zu erfahren, welche Bedürfnisse Gott hat. *Gott hat auch Bedürfnisse!* Eins von diesen ist, daß allen Menschen geholfen werde und alle zur Erkenntnis der Wahrheit kommen. Zwar sind in diesem Bedürfnis Gottes alle andern eingeschlossen. Wir sollen als Erlöste mithelfen an der Erlösung. Denn wir sind Glieder an dem Haupt, das „*Erlöser*" heißt und von dem alle Kreatur im Himmel und auf Erden und unter der Erde Erlösung erwartet (Offb. 5). Glaub es, wenn du die Bibel auch nach dieser Seite hin liest, du bekommst eine ganz andre Bibel und einen ganz andern Gott und eine ganz andre innere Stellung. Du vergißt über den Befürfnissen Gottes deine eigenen, weil du lernst, daß deine Bedürfnisse vor allem auch die Bedürfnisse Gottes sind. Und so bekommst du ein Ziel — weit über dich hinaus.

3. Wenn das gelesene Wort in uns einen göttlichen Grundsatz wirkt. Menschen, die auf gesegnete Weise die Bibel lesen, sind immer Menschen von göttlichen Grundsätzen. Daniel war ein Bibelleser, und er war ein Mann von göttlichen Grund-

sätzen. Schon als Knabe brachte er den Grundsatz mit nach Babel, *sich nicht zu verunreinigen* mit des Königs Speise. Und weil er einen göttlichen Grundsatz hatte, darum hatte er auch einen gesegneten Einfluß; denn auch seine Freunde nahmen teil an seiner Enthaltsamkeit. Auf diese Weise wird das Wort zum *„eingepflanzten Wort"* in uns, wie Jakobus 1, 21 sagt, und wird so als *lebendiges Gesetz* auf unsre Sinne geprägt, wie Paulus sagt (Hebr. 10, 16), und bringt so unser ganzes Leben in die göttlichen Linien des Wortes.

4. Wenn das Wort sich an uns erfüllt. Das ist der einzige Weg, um das Wort in seiner Tiefe zu erfassen. Zur tiefern Erkenntnis der Wege Gottes gelangt man nicht durch Nachdenken allein, sondern vor allem durch Gehen der tiefern Wege Gottes mit uns. Auf dem Weg zum Opferaltar rang sich Abraham durch zum „Auferstehungsglauben". Er glaubte, daß Gott den Sohn von den Toten wiedergeben kann (Hebr. 11, 19). Diese tiefe Erkenntnis hätte er nicht erlangt, wenn er nicht den Weg der Opferung gegangen wäre.

5. Wenn durch das äußere Wort, diese Buchstaben, das *„ewige Wort"*, Christus, zu uns reden kann; denn das ist der tiefste Grund, warum wir Gottes Wort in unsern Händen haben, und das ist der eigentliche Segen des Bibellesens.

6. Wenn man die erste halbe Stunde eines jeden Tages dem Lesen des Wortes widmet. Viele haben

den Faden ihres Gebetslebens verloren und die
Freudigkeit am Wort, weil sie nicht die erste halbe
Stunde eines jeden Tages dem stillen Umgang mit
Gott weihten.

Das Examen

Joh. 13, 1

Jesu ganze Lebensaufgabe gipfelte zuletzt in einer Stunde: der Stunde in Gethsemane und auf Golgatha. Der Heilige Geist nennt sie in dem angeführten Vers: *„Seine Stunde"*. Ebenso bei uns. Die Erfahrungen, Lektionen und Segnungen vieler Jahre können sich gipfeln in einer Stunde. Und diese Stunde heißt: *„das Examen!"*, ähnlich wie der Student nach jahrelangem Studium die Mühe seiner Lehrer und seine Treue und Reife in einem Examen darlegen muß. Das Examen ist *„seine Stunde"*. Besteht er diese, so steht ihm eine weitere Klasse, eine höhere Schule offen; kommt er aber nicht durch, so heißt es im günstigsten Fall: *Noch einmal wiederholen!* Er muß von neuem das durchlaufen, was er schon einmal durchlaufen hat. Seine Oberflächlichkeit hat ihm *Schaden* und seinen Lehrern *Betrübnis* gebracht. O wieviel wird durch nicht gelernte Lektionen, durch nicht bestandene Proben der Heilige Geist betrübt von dem Volke Gottes! Der Geist sollte uns nicht immer wieder zurückführen müssen, wie Mose die Kinder Israel, weil wir an dem durchgegangenen Platz unsre Lektion nicht gelernt haben; Er sollte nicht immer wieder das „ABC" christlicher Wahrheiten mit uns

45

durchbuchstabieren müssen, sondern sie sollten sich in uns abklären, damit Er dieselben versiegeln und uns weiterführen kann, und Er sollte nicht Dinge, die Er versiegelt hat, aufs neue versiegeln müssen, weil wir das Siegel durchbrochen haben.

Nicht ein Sündenfall muß es sein, der uns auf dem Wege aufhält; es können kleine Untreuen sein in den Übungen des täglichen Lebens. Was den Schüler aufhalten kann, von einer Klasse in die andre überzugehen, muß nicht ein böser Streich oder ein schlechtes Betragen sein, sondern nur ein *„Ich kann nicht!"* O wie viele Kinder Gottes haben sich angewöhnt zu sagen: Ich kann nicht! und erwarten bestimmt, daß dieses hinreichen müsse zu ihrer Entschuldigung. Aber es reicht nicht hin! Sie haben das Examen nicht bestanden. Sie sind durch gefallen. Denn sagen: Ich kann nicht! ist auch ein Fall. Was war die Sünde, die Israel umkommen ließ in der Wüste? Wir lesen immer wieder, daß sie sagten: *„Wir können nicht!"* Wir können nicht dieses Wasser trinken; wir können nicht ohne Fleisch sein; wir können nicht auf den Mann Mose warten, bis er vom Berge kommt: „Auf, mache uns einen Gott, der vor uns hergehe!"

Es gibt Stunden in unserm Leben, wo unsre ganze geistliche Existenz auf dem Spiel steht; Stunden, die entscheidend sind für ein Leben in Macht oder in Siechtum; Stunden, in denen eine jahrelange Arbeit versiegelt oder vernichtet werden kann; Stunden, die ein Leben des Segens anbahnen oder verschließen können. Man kann in einer sogenannten *„schwachen Stunde"* Segnungen verscherzen, die nie mehr nachgeholt werden können. In einer schwachen Stunde brachte sich Ruben um sein Erstgeburtsrecht (1. Mose 49, 4) und damit um das Königtum und Priestertum (1. Chron. 5, 1. 2), die mit demselben verbunden waren, und blieb ein *„geringer Haufe"* (5. Mose 33, 6). Er kam nicht um, aber er blieb ein geringer Haufe.

Du hast viel Gnade und Liebe empfangen von deinem Gott, und du hast oft laut bekannt: Ich bin nicht einen Strahl Seiner Liebe wert! Warum tut mir Gott das? Gott gibt dir Antwort. Er stellt dich mit einem lieblosen, undankbaren Menschen zusammen. Nun sollst du, was von Gott auf dich geflossen ist, überfließen lassen auf andre, die ebensowenig deiner Liebe wert sind, wie du der Liebe Gottes. Was sagst du aber, wenn deine Liebe als Heuchelei ausgelegt wird und deine Hingabe mit Kälte und Undank beantwortet wird? Gibst du es auf und sagst: Ich kann nicht!? Er hat „die Seinen, die in der Welt waren", die nach weltlichen Grundsätzen mit Ihm gehandelt haben, geliebt bis ans Ende oder *bis aufs äußerste*. Er hat Sein Examen bestanden auf jedem Platz und in jeder Schule; bis zum Tode am Kreuz blieb Er der Überwinder, und nie war Er der Überwundene. Komm, laß uns in Seine Schule gehen und in Seine Fußstapfen treten und laß es von heute an genug sein mit unserm: *„Ich kann nicht!"* Dies ist annehmbar von Menschen, die den Reichtum Seiner Gnade nicht kennen. Aber unser Gott ist *„der Gott aller Gnade"* (1. Petr. 5,10). Er hat eine Gnade, die über alles ist, eine Gnade, die *mächtig* macht und zu jedem guten Werk vollkommen geschickt.

Die Ruhe im Kreuz

1. Mose 8

Wir müssen in das Kreuz *hinein* gehen, wie Noah hineinging in die Arche. Dann kann Gott zuschließen hinter uns, wie Gott zuschloß hinter Noah. Noah mußte nicht inwendig die Tür zuhalten, sie war zu durch Gott. Wir müssen nicht ängstlich die Vergebung festhalten, denn sie ist uns versiegelt durch den Geist (Eph. 1, 13). Viele haben auch aus dem Grund die Freude und die Gewißheit des Heils verloren, weil sie von dem Kreuz weiter nichts wollten als die Bedeckung ihrer Schuld. Aber das Kreuz will nicht allein unsre Schuld bedecken, *sondern es will auch uns selbst bedecken.* Das Kreuz will nicht nur unsre Sünden haben, sondern es will vor allem uns selbst haben. Und gehen wir in Wahrheit in die Kreuzesgemeinschaft ein, dann ist uns auch Vergebung unserer Schuld etwas Selbstverständliches. Denn wenn das Kreuz mich bedeckt, dann bedeckt es auch meine Schuld und die ganze Schande, die mit mir zusammenhängt. Und umgekehrt: wenn das Kreuz mich nicht bedecken kann, so kann es auch unmöglich meine Schuld bedecken.

Hier ist ein heiliger Zusammenhang. Und man kann auch hier nichts aus dem Zusammenhang herausreißen. Das tun wir aber, wenn wir von dem Kreuz nur Bedeckung unsrer Schuld wollen, aber nicht den Tod und das Gericht über unser eigenes Leben. Wir wollen abschließen, wo der Geist nicht abschließt; wir wollen stehenbleiben, wo der Geist nicht stehenbleibt mit uns. So betrügen wir den Geist, und darum fehlt uns das Zeugnis Seines Wohlgefallens. Der Geist führte Jesus zum Kreuz. Und er hat auch für uns keinen andern Weg. Ihr könnt den Geist und das Kreuz niemals voneinander trennen. Um in das Land der Ruhe zu kommen, mußte Israel durch den Jodan (Jordan bedeutet „Tod"), einen andern Weg gab es nicht. Gott sprach: „Mache dich auf und gehe über diesen Jordan." Sie mußten *hinein und hindurch* — nicht darüber hinwegfliegen! Wir müssen hineingehen in die Praxis des Kreuzes, und nicht, wie viele es versuchen, uns im Glauben darüber hinwegsetzen. Darum die vielen Enttäuschungen, das Suchen nach der verheißenen Ruhe und dem versprochenen Sieg. Man kommt um in der Wüste des Eigenlebens, man ist sich selbst und andern zur Qual, weil man nicht hineingegangen ist in das Kreuz und darinnen geblieben ist als ein Mitgekreuzigter.

Wenn wir aber in das Kreuz hineingehen, wie Noah hineinging in die Arche, so erhält uns das Kreuz auch in der Scheidung von der Sünde. Die Arche machte eine Scheidung zwischen den Geretteten und dem Verderben um sie her. So scheidet uns das Kreuz von dem Verderben. In dem Kreuz liegt eine rettende, lösende und bewahrende Macht. Und wenn wir es zu einem *inneren* Kreuz werden lassen, werden wir es als eine scheidende und deckende Macht erfahren. Denn diejenigen, die Stunde für Stunde in seinem Schatten bleiben, erfahren dasselbe als den Schatten des Allmächtigen, als eine Sphäre, wo der Feind mit zertretenem Kopf unter unserm Fuß bleibt. — Aber die Arche schied die Geretteten nicht nur von dem Verderben, sondern auch von *den Menschen*. So scheidet das Kreuz von *dem* Menschen, dem alten, so scheidet es mich von mir selbst. Und das ist ja die eigentliche Aufgabe und die tiefste Bedeutung des Kreuzes — die Erlösung von uns selbst. Gott konnte dem eigenen Ich nicht anders begegnen als mit dem Kreuz. Und Kreuz bedeutet Fluch und Tod.

Ein weiterer Segen, den die Arche uns zeigt als ein Vorbild von dem Kreuz, ist der, daß sie ein Fenster hatte nach oben, durch welches Noah die Verbindung pflegte mit Gott. Nur solange wir in der Scheidung leben nach unten, können wir in der Verbindung nach oben bleiben. Und diese Scheidung muß sich auf jeden Gedanken und jede Regung erstrecken, die nicht in Seinem Lichte rein ist. Wir müssen allem Ungöttlichen gegenüber in einer Abgeschlossenheit leben wie Noah in der Arche. Wäre an der Arche nur eine kleine Ritze gewesen, die das Wasser eingelassen hätte, so hätte Noah die Verbindung nach oben nicht mehr mit Ruhe pflegen können. Die Sünde hat einen dünnen

Kopf wie das Wasser. Und wenn wir nicht gedeckt und geschieden bleiben nach *außen* gegen die leicht uns umstrickende Sünde, und wenn wir nicht gedeckt und geschieden bleiben nach *innen* gegen uns selbst, so wird uns unmöglich sein, in einer zarten Verbindung zu bleiben nach oben. Denn so oft wir zu uns zurückkehren und Verbindung mit uns anknüpfen, brechen wir in einem gewissen Sinn die Verbindung nach oben ab.

Der Grundsatz des Kreuzes

Gal. 6, 14

Der Grundsatz des Kreuzes ist, den Menschen in seinem Wirken beiseitezusetzen und in seiner Natur zu richten. Das Kreuz ist nicht gekommen, um der menschlichen Natur aufzuhelfen, um zu ersetzen, was der Mensch nicht tun konnte. Wohl brauchen viele das Kreuz auf diese Weise. Sie brauchen das Kreuz wie den neuen Lappen auf das alte Kleid. Aber das hält nicht Stich. Darum laufen sie fortwährend zerrissen in der Welt herum und von einem Seelsorger zum andern. Das alte Kleid, d. h. der alte Mensch, muß ausgezogen und dem Gericht des Kreuzes übergeben werden. Das Kreuz schreibt auf alles, was aus der menschlichen Natur stammt, den Fluch, und gibt uns selbst den Platz eines Verfluchten, es bricht über alles, was vom Menschen ist, den Stab. Und wer vom Geist zum Kreuz geführt worden ist, der hat dort das Todesurteil über seine Natur unterschrieben und hat den Stab über sich selbst gebrochen und sich so freigemacht von dem Fluch. Denn über allem, was nicht das Zeichen des Kreuzes trägt, hängt der Fluch. Und jeder, der sein eigenes Leben festhält, hält den Fluch über sich fest. Wem aber durch den Geist das Kreuz aufgeschlossen ist, der hat aufgehört, zu sich selbst zurückzukehren und bei sich etwas Gutes zu suchen, der hat auch aufgehört, über andre den Stab zu brechen.

Aber solange wir nicht durch den Geist diese Lektion gelernt haben, kehren wir immer wieder zu uns selbst zurück und suchen, ob in unserm Wesen doch nicht etwas Gutes sei, was Gott anerkennen müsse und worüber nicht das Zeichen des Kreuzes gemacht werden müsse. Und weil wir nichts finden, fallen wir in eine falsche Traurigkeit, die für den Feind eine Gelegenheit wird, uns in Umdunklungen zu führen, indem er uns sagt: Gib's auf, du hast ja doch nichts Gutes, woran Gott anknüpfen könnte! — Aber Gott will ja gar nicht an dem Guten anknüpfen, das wir von Natur haben, sondern setzt dasselbe durch das Kreuz beiseite, um selbst ein Neues in uns schaffen zu können. Das Kreuz führt den Menschen in den Bankrott und schafft so Raum für Gott. Das Kreuz brachte über die Jünger Jesu einen Bankrott, wie es alle Worte ihres Meisters nicht zu tun vermochten. Es zerbrach ihren Heiligenschein, den sie sich während ihrer dreijährigen Nachfolge glaubten erworben zu haben, und zeigte ihnen, was die Natur vermag und was sie wert ist. Und so wurden sie zubereitet für den Empfang des Heiligen Geistes, der ihnen eine andre Natur und ein andres Leben brachte. Denn wir können das Kreuz und den Geist niemals voneinander trennen. Es kann nicht Ostern und Pfingsten werden bei uns, wenn wir keinen Karfreitag hatten. Nur in dem Kreuz werden wir zubereitet für das Leben Gottes und für die Fülle Gottes; nur Mitgekreuzigte werden Gefäße des Heiligen Geistes. In dem Kreuz Christi haben wir das Hinrichtungsmittel des alten Menschen (Röm. 6, 6), und in der Auferstehung Christi liegen die Wurzeln für die Wiedergeburt des neuen Menschen (1. Petr. 1, 3), die durch den Geist geschieht (Joh. 3, 5—15) nach dem Grundsatz: „Wer sein Leben verliert, der wird es finden."

Wir müssen hineingehen in die Praxis des Kreuzes als Mitgekreuzigte, d. h. als Gerichtete und Weggetane. Dann ist die Tür geöffnet für ein Leben in Gnade und Sieg. Es muß alles in den Tod, was dem Tode angehört, wie der Leichnam in die Erde gelegt wird, weil er der Erde angehört.

Schon in dem Leben Abrahams sehen wir den Grundsatz des Kreuzes durchgeführt wie überhaupt in dem Leben aller Geistesmenschen. Abraham mußte an seinem Leibe und an dem Leibe der Sarah „dem Ersterben zusehen", bis von der Natur nichts mehr zu hoffen war (Hebr. 11, 11). Immer wurde die Natur beiseitegesetzt von dem Auszug aus seinem Vaterland bis zur Aufopferung des Isaak. Und der Heilige Geist ist ein „ewiger" Geist, lesen wir in Hebr. 9, 14. Er beobachtete stets die gleichen Linien. Er hat Christus, unser Haupt, zum Kreuz geführt und uns mit Ihm und führt uns immer wieder dorthin. Denn Seine Aufgabe ist bei den Gläubigen eine doppelte: einerseits in den Tod zu führen, was dem Tode angehört (Röm. 8,13), und andrerseits das von Gott in uns gelegte Leben zu verklären (2. Kor. 3,16).

Ein Segen sein
und Segen empfangen

1. *„Dem Lamm die Segnungen"*, sprechen die anbetenden Engel vor dem Thron (Offb. 5,12). Und so müssen auch wir in Wahrheit sagen können; dann sind wir im höchsten Sinn *ein Segen*. Es muß nur das Segen sein in unsern Augen, was Segen ist für Ihn. Abraham empfing auch aus dem Grund das Land Kanaan zum Besitz, damit durch ihn Gott selber das Land wieder in Besitz bekäme. So war Abraham in erster Linie *ein Segen für Gott*. Und jedes Begehren, ein Segen zu sein, muß dahin gehen. Maria war ein Segen für Jesus, als sie ihn salbte (Joh. 12); denn sie ermutigte Ihn dadurch auf Seinem Todesweg, wo die andern Ihn nur aufhielten. Dieser Grundsatz: *„Ich will ein Segen sein für Israel!"* hebt unser ganzes Tun höher und läßt uns treu sein und still unsern Weg gehen, wo kein sichtbarer Segen zu sehen ist und wo andre sagen: Wozu das? Was kommt dabei heraus? Denn wir tragen die bestimmte Versicherung in unserm Herzen durch den Herrn: „Das hat sie Mir getan!" Unser Motto muß sein *„Alles meinem Gott zu Ehren!"* Als Jesus diese Erde verließ, redete Er nicht davon, wie Er den Menschen ein Segen gewesen sei, sondern sprach zu Seinem

Vater: „Ich habe *Dich* verherrlicht auf der Erde"
(Joh. 17,4). Und die Ältesten in Offb. 5 sagen von
dem Lamm: „Du hast *für* Gott erkauft durch Dein
Blut aus jedem Geschlecht und Sprache und Volk
und Nation und hast sie *unserm* Gott zu Königen
und Priestern gemacht." *Er war ein Segen für Gott.*
Denn jeder wahre Dienst für Gott trägt es in sich,
daß er zu gleicher Zeit auch ein Dienst ist für die
Menschen. Wenn jemand im Verborgenen des
Kämmerleins treu Gott dient, spürt das ganze
Haus den Segen davon. Wenn einer vor dem Angesicht des Herrn wandelt, ist er allen, die ihn
sehen, ein Segen. Und sind wir nicht gerade darum in so geringem Maße ein Segen gewesen für
unsere Mitmenschen, weil wir nicht in erster Linie
darauf bedacht waren, ein Segen zu sein für Gott?!

2. Wenn nur das Segen ist in unsern Augen, was
Segen ist für Ihn, dann sind wir auf einen Punkt
gebracht, wo wir ununterbrochen Segnungen empfangen können — Segnungen so tief, daß sie unser
schwaches Gefäß kaum fassen kann. Segnungen
so rein, daß wir wissen, sie bleiben als Frucht bei
uns und bei andern zum ewigen Leben. Und dieser
Punkt ist immer da, wo wir durch den Geist gelernt haben, die Segnungen so zu empfangen und
so zu verwerten, daß dabei nichts mehr abfällt für
das eigene Ich.

Die meisten suchen den Segen *im Empfangen.*
Aber der Segen liegt vor allem *im Aufgeben.* Wenn
wir ein ganzes Opfer bringen auf Seinem Altar,

werden wir einen ganzen Segen empfangen — eher nicht! (5. Mose 33, 9. 10.) Das Geheimnis des Segens Abrahams lag in der Gesinnung, die er ausdrückte in den drei Worten, die er sprach zu dem König von Sodom: *„Nichts für mich!"* (1. Mose 14, 24.) Durch Aufgeben empfing er den Segen. Wie sprach Gott zu dem Mann, den Er segnen wollte? *„Geh aus"* — *„verlaß!"* Er verließ sein Vaterland, und Gott gab ihm ein Land zu eigen. Er sprach zu Lot, der nicht Raum genug hatte für seine Herden: Wähle! Und Lot erwählte sich das wasserreiche Land; er benützte die Selbstlosigkeit Abrahams, um den Vorteil auf seine Seite zu bringen. Aber in jener Nacht kam Gott zu Abraham, zu dem Mann, der den kürzern gezogen hatte, und verhieß ihm das ganze Land zum ewigen Besitz. Durch Aufgeben öffnete er sich neue Türen des Segens. Auf große Selbstverleugnung folgte großer Segen. Später versuchte Gott den Abraham und sprach zu ihm: „Nimm Isaak ... und opfere ihn" (1. Mose 22). Und Abraham tat also und legte den Sohn auf den Altar. Aber nahm er ihn wieder so zurück, wie er ihn hingelegt hatte? O nein! Er nahm ihn zurück mit den herrlichsten Verheißungen. Auf den Sohn, *der als Opfer auf dem Altar lag,* legte Gott die herrlichsten Verheißungen (V. 16—18). Gott sprach zu den Israeliten: „Ihr sollt kein Blut essen; denn Ich habe es euch gegeben auf den Altar zur Versöhnung für eure Seele" (3. Mose 17). Den Israeliten, die das

Blut opferten, statt es zu essen wie die andern Völker, denen gab es Gott zur Versöhnung für ihre Seele. Sie erlangten diesen großen Segen durch Aufgeben.

Praktische Heiligung

1. Praktische Heiligung ist ein *Heilwerden* von dem falschen Leben, von dem Ichleben. Die falsche Heiligungsbewegung bewegt den Menschen in die Höhe und macht aus seinem Ich etwas, das andre anstaunen und bewundern sollen. Die biblische Heiligungsbewegung führt den Menschen zum Kreuz und zeigt ihm, daß seine Natur so schlecht ist, daß Gott dieselbe im Kreuz als verflucht beiseite gesetzt hat und daß unser eigenes Ich im Kreuz gerichtet und dem Tode übergeben worden ist. Dann hören wir auf, die Natur beschneiden und verbessern und sie mit einem Heiligenschein überkleiden zu wollen; aber dann hören wir auch auf, verzagt zu werden, wenn wir nichts Gutes in uns finden, in dem Gott anknüpfen könnte. Denn jede Heiligungsbewegung, die nicht vom Kreuz ausgeht, ist falsch und endet entweder im geistlichen Hochmut oder in Schwermut. Am Kreuz sind wir *eins* gemacht worden mit Seinem Tod (Röm. 6, 5). Und die am Kreuz mit Ihm eins Gewordenen führt der Geist der Heiligung weiter in die Wege Jesu hinein, die so eingerichtet sind, daß unser Eigenleben praktisch darin umkommen muß. — Wenn nach Röm. 6, 22 die Heiligung eine Frucht ist des Freigemachtseins von der Sünde, so muß

Heiligung auch heißen: freigemacht sein von sich selbst. Denn aller Versuchungen knüpfen an unsere Selbstsucht an. Ohne Selbstsucht gäbe es keine Sünde. Darum nimmt der Feind immer Stellung für unser eigenes Ich, hilft unsrer Selbstsucht auf, geht aus nach Brot für unser Eigenleben. Er ist der beste Freund unsres eigenen Ichs und ist sehr besorgt, daß dieser Funke aus der Hölle in uns nicht erlöscht — wenn er aber erlöscht, ist damit auch alles höllische Wesen in uns erloschen. — Jede Nahrung, die dein Ichleben stärkt, ist Brot aus der Hölle, und jede Stimme, die dein Eigenleben in Schutz nimmt, ist eine Satansstimme. Petrus wollte Jesu Leben in Schutz nehmen, und Jesus wandte sich um und sprach: „Satan!" Darin war Jesus nicht in erster Linie hart gegen Petrus, sondern *hart gegen sich selbst*, weil Er nicht erlaubte, daß Petrus in unrichtiger Weise Partei ergreifen sollte für Sein Leben. Die Erlösung kam dadurch zustande, daß Gott Seines eigenen Sohnes nicht verschonte (Röm. 8, 32), und deine Erlösung wird dadurch praktisch, daß du dein eigenes Leben nicht schonst.

O wie viele wollen frei sein von der Sünde, kämpfen gegen die Sünde und schonen doch dabei ihr eigenes Leben. Das ist unnützer Kampf.

2. Praktische Heiligung muß darum andererseits *ein Leben sein für Gott* (Röm. 6, 11). Jesus, der Heilige, der Eigenleben nicht kannte, lebte für Gott.

Und worin bestand der Höhepunkt Seines Lebens für Gott? Darin, daß Er Sein Kreuz auf sich nahm und dem verlorenen Eigentum Gottes einen Weg der Erlösung schaffte zurück zu Gott. „Er hat uns Gott erkauft mit Seinem Blut", rühmen die anbetenden Ältesten vor dem Thron (Offb. 5). Und worin gipfelt der Höhepunkt unseres Lebens für Gott? Doch gewiß auch darin, daß wir *unser* Kreuz auf uns nehmen und so unsern Brüdern und Schwestern eine freie Bahn machen, zu Gott zu kommen. Wie oft werden in einer Familie die Unbekehrten aufgehalten, zu Gott zu kommen, weil das Kind Gottes, welches da ist, sein Kreuz nicht auf sich nimmt und so, statt mit seinem Kreuz hineinzuleuchten auf das Kreuz Christi, dasselbe ihnen verdunkelt und unwert macht. — Wir sprechen viel von Heiligung. Jesus sprach erst von Heiligung, als Er vor dem Kreuz stand. Er heiligte sich zum Kreuz, zum Opfer. Er sprach auf dem Weg zum Kreuz: „Ich heilige Mich selbst für sie, auf daß auch sie Geheiligte seien in Wahrheit" (Joh. 17, 19). Wenn wir uns so heiligen: zum Kreuz, zum Opfer, wenn wir hinuntersteigen zu unserm Haupt auf den untersten Platz, dann werden sich auch andre um uns her heiligen in Wahrheit — aber nicht, wenn wir über den Begriff Heiligung streiten. Das Lamm tat Seinen Mund nicht auf, sondern ging hin zur Schlachtbank und *zeigte* uns, was Heiligung ist. Er sprach: „Ich heilige Mich selbst für sie." *Für sie!* Das ist der Gradmesser unsrer Heiligung. Die sieben Worte Jesu am Kreuz sind sieben Strahlen Seiner Lammesherrlichkeit. Das erste Wort galt Seinen Feinden. *Für sie* bat Er um Vergebung. Das zweite galt den Seinen. *Für sie* sorgte Er. Das dritte galt den Verlorenen. *Für sie* starb Er. Ihm gab man Tod, und Er gab Leben dafür. Das ist Heiligung — praktische!

Christus - auch der Letzte

Offb. 1, 17

Fürchte dich nicht, mit Gott bis auf den *„letzten Punkt"* zu gehen; denn Christus, unser Haupt, ist nicht nur der *„Erste"*, sondern auch der *„Letzte"*. Als der Erste geht Er vor uns her und macht uns Bahn und behält das Ziel im Auge, und als der Letzte sorgt Er dafür, daß wir zum Ziel gebracht werden. Frage nicht ängstlich: Wie kann ich das hohe Ziel erreichen, das sich Gott gesteckt hat mit mir?! Es ist ein *Weg* da, und es ist eine *Kraft* da. Wie kann das schwache Kind von einer Stadt zur andern kommen? Es ist eine Kraft da — die Eisenbahn; es muß nichts tun, als sich dieser anvertrauen. Sei sicher, daß *der*, welcher das Ziel gesteckt hat, auch gesorgt hat und sorgen wird, daß wir dahin gebracht werden. Du sagst: Ich verstehe nicht, wie Gott aus mir einen Geistesmenschen machen kann; es ist dafür kein Material in mir! Paulus sagt in Hebr. 11: „Durch den Glauben verstehen wir, daß Gott die Welt aus nichts gemacht hat", und daß Er von dieser aus nichts gemachten Welt sagt: Es ist sehr gut! Durch denselben Glauben verstehen wir, daß Gott heute dasselbe an dir und mir tun kann, daß Er aus nichts etwas machen kann, auf daß Er schreiben kann: Es ist sehr gut!

Als der Letzte deckt Er nicht nur unser Zukurzkommen — das wäre Ihm ja nicht genug —, sondern sorgt auch dafür, daß wir von allem, was uns aufgehalten hat, ausgelöst werden. Alle Dinge müssen in dem Leben des Gott Liebenden auf das eine Gute hinwirken, daß Er Sein Ziel mit uns erreicht. In allen Führungen und auch in allem Dienst ist das der letzte Gedanke.

Er ist der Letzte in jeder Schwierigkeit. Als der Erste geht Er nicht nur in jeder Schwierigkeit voran, sondern bleibt auch als der Letzte in der Schwierigkeit stehen, bis wir unversehrt und ganz hindurchgebracht sind. Wir lesen in Jos. 3, daß die Priester Israels mit der Lade vor dem Volk her in den vollen Jordan stiegen und einen Weg machten und dann darin stehen blieben, bis daß Israel *ganz* hinübergebracht war — nicht nur die starken Männer, sondern auch die Schwachen und die Kindlein. So Christus, der Erste und der Letzte. Er hat alle unsre Schritte gemessen mit Seinem eigenen Fuß, und Er weiß genau, wieviel Kraft und Gnade wir bedürfen, um durchzugehen, wie Er durchgegangen ist. Er ist der große und barmherzige Hohepriester auf dem Thron der Gnade (Hebr. 4, 14—16), um uns *Barmherzigkeit* zu geben in der Schwierigkeit, damit wir nicht erliegen, und um uns *Gnade* zu geben in der Stunde der Versuchung, damit wir nicht sündigen. Er bleibt als das geschlachtete Lamm mitten im Thron (Offb. 5), bis die Seinen, die in Seinem Blut Vergebung gefunden haben und die mit ihren Füßen auf Seinen Weg getreten sind, ganz hindurchgebracht sind bis zum Thron.

Als der Letzte hat auch Er allein das *„letzte Wort"* über uns — nicht der Feind, nicht die Menschen, auch wir selbst nicht, sondern Er. Kain, der Brudermörder, sprach über sich das letzte Wort, als er ausrief: „Meine Sünde ist zu groß, als daß sie mir vergeben werden könnte!" Aber er hatte nicht das letzte Wort über sich, sondern Gott, der sagte: „Wenn du fromm bist, so bist du angenehm!" Hast du das letzte Wort über dich gesprochen, haben es Menschen getan, hat es der Feind getan? Ihr alle habt kein Recht, das letzte Wort zu sprechen — das kann nur Er, der Letzte. Wohl spielt sich der Feind immer auf, als ob er der Erste und der Letzte wäre — aber er ist es nicht! Nur *listiger* war die Schlange als alle Tiere des Feldes — nicht *mächtiger*. *„Der Vater ist größer als alle!"* (Joh. 10, 29). Der Feind kann uns versuchen, aber niemals kann er uns in seine Gewalt bekommen. Nur Christus konnte sagen: „Mir ist gegeben alle Gewalt!" Und in Ihn gehüllt, dürfen wir vorwärtsgehen. Er wird wie die Wolkensäule bei Israel vor uns hergehen und wie die Feuersäule hinter uns sein.

Er hat auch das letzte Wort über die, für welche du betest und besorgt bist um ihr Seelenheil. Und Er hat auch das letzte Wort über all das Zustandekommen und die Fehler und die Uneinigkeit, die du bei Seinen Kindern siehst. Das Lamm hat das Buch in der Hand. Und in diesem Buch ist vor allem die Geschichte der Gemeinde Gottes.

Sabbatruhe

Hebr. 4

Vier Dinge hält uns der Apostel in diesem Kapitel vor Augen, die uns zu dem Sabbat der Seele führen und darin erhalten:

1. *Der Glaube.* „Denn wir, die wir glauben, gehen in die Ruhe" (V. 2). Wir *gehen* hinein, immer tiefer hinein. Jeder Glaubensschritt wird zugleich ein Schritt in die Ruhe. Wie wir den Herrn haben zwischen uns und unsere Sünden treten lassen und so die Ruhe des Gewissens gefunden haben, so lassen wir Ihn auch zwischen uns und unsre Schwierigkeiten treten und finden so die Ruhe des Herzens. Alles muß aus unsern Händen kommen und an Ihn übergehen. Über alle Dinge muß die Herrschaft auf Seine Schulter kommen, dann hat die „Mehrung des Friedens kein Ende" (Jes. 6, 7). Alles müssen wir aus Ihm heraus und für Ihn tun — auch die geringste Arbeit. Unsre Arbeit ist für Gott, und unsre Ruhe ist für Gott. In 2. Mose 35, 2 lesen wir, daß der siebente Tag sein soll „ein Sabbat der Ruhe dem Jehova". Für alles muß unser Motto sein: „Alles meinem Gott zu Ehren!" Das hebt all unser Tun höher und bringt auf alles einen göttlichen Hauch und ein göttliches Siegel und macht unser ganzes Leben,

Arbeiten und Ruhen, Essen und Trinken zu einem großen Gottesdienst (1. Kor. 10, 31). Wir sind keine „Juden", die *hinauf* arbeiten mußten zu ihrer Ruhe, sondern wir sind „*Christen*", die von ihrer Ruhe *hinunter* arbeiten. Erst Ruhe, dann Arbeit ist die selige Ordnung des Neuen Bundes und der geistliche wahre Unterschied zwischen „*Sonntag*" und „*Sabbat*". — Wenn Christen zu dem Sabbat zurückkehren, so stellen sie sich damit nur ein furchtbares Armutszeugnis ihres inneren Lebens aus. — Wir tun alles aus der Ruhe heraus, die wir haben in Gott, und tragen diese Ruhe hinein in unsre ruhelose Umgebung. So bringen wir unsern Mitmenschen den Segen des Evangeliums und den Sieg des Glaubens in der deutlichsten und überzeugendsten Weise. Weil wir alles in Seiner Hand wissen, bewahren wir in allen Situationen die Ruhe und das Gleichgewicht der Seele. Wo andre die Fassung verlieren und sich Blößen geben, können wir königlich handeln. Wir sind Könige und können darum auch Priester sein. Die göttliche Reihenfolge ist: erst Könige, dann Priester (Offb. 1, 5) — und nicht umgekehrt. Mancher Hausvater kann nicht Hauspriester sein, weil er nicht königlich durchzugehen versteht, sich ärgert, sich vergibt, nicht über den Übungen des täglichen Lebens steht, darum ist sein Priesteramt unmöglich; es fehlt ihm die Autorität, die nötigt ist, um vor seiner Familie die Bibel zu lesen und seine Hände zu Gott aufzuheben.

2. *Die Ruhe von den eigenen Werken* ist ein Weiteres, das uns zur Sabbatruhe führt (V. 10):

a) *Gott gegenüber.* Mehr als tausend Jahre hat Gott diese Lektion von *„Seiner Ruhe"* bei Seinem Volk repetiert; aber Israel hat diese Lektion nicht gelernt. Einmal sind sie ihrem Gott vorausgeeilt, und ein andermal sind sie hinter Ihm zurückgeblieben. Sie konnten nicht Schritt halten mit Ihm, darum hat Er es aufgegeben, sie zu Seiner Ruhe zu bringen. Und solange auch wir diese Lektion nicht gelernt haben, ist keine Disposition in uns für eine weitere. Gott kann uns nicht weiterführen.

b) *Dem Feind gegenüber.* Alles, was wir zurückbehalten, behalten wir nicht zurück für uns, sondern für den Feind. Da hinein setzt sich der Feind. Was du dir zurückbehalten hast als Freude, das wird früher oder später in der Hand des Feindes eine Waffe, mit welcher er dich quält und dir Niederlagen bereitet. Denn *„im Suchen für sich"* und *„im Fürchten für sich"* liegen alle Fallstricke des Feindes.

c) *Den Menschen gegenüber.* Solange die Menschen merken, daß du eine Sache in deiner Hand hast, macht es ihnen fast Freude, mit dir zu streiten und dich deswegen zu beunruhigen. Sobald sie aber merken, daß du es aus deiner Hand in die Hand Gottes gegeben hast, lassen sie dich in Ruhe; denn sie fürchten sich, weil sie fühlen, daß sie es nicht mehr mit dir, sondern mit Gott zu tun haben.

3. *Das scheidende und richtende Wort* (V. 12. 13), das Gedanken und Gesinnungen des Herzens ins Licht des Angesichtes Gottes hineinstellt, bis alles geradgelegt und geschieden ist bis hinein ins Seelen- und Geistesleben, ist ein Drittes auf dem Weg zur Ruhe in Gott.

4. *Jesus selbst, der große und barmherzige Hohepriester* (V. 14—16), der wie Joseph auf den Thron gekommen ist, um Seinen Brüdern zu helfen und ihre Sache zu führen.

Schritthalten mit Gott

1. Mose 5, 22—24; Hebr. 11, 5

„Henoch wandelte mit Gott", lesen wir in diesen Versen. Könnte das nicht auch heißen: *Henoch hielt Schritt mit Gott!* Er eilte seinem Gott nicht voraus und blieb nicht hinter seinem Gott zurück. Er wandelte mit Gott nicht nur im Sonnenschein der Gnade, sondern auch in den dunklen Stunden der Proben und der Züchtigungen. Er war auf der Seite seines Gottes nicht nur in den Zeiten allgemeiner Gottesfurcht, sondern auch in den Zeiten des Abfalls, wie wir aus dem Judasbrief sehen (V. 14. 15). Und was war der Segen dieses Wandelns mit Gott und dieses Ausharren bei Gott?

1. Henoch hielt Schritt *mit Gott,* und *so wurde er entrückt zu Gott.* In dem Wandel mit Gott kann die große Entrückung *von uns selbst* sich vollziehen. Und ist dies geschehen, dann kann die andre zum Stuhle Gottes jeden Augenblick erfolgen. Denn bevor wir zu Gott entrückt werden können, müssen wir von uns selbst und allem, was nach unten gehört, entrückt sein (Luk. 20, 35. 36).

2. Henoch hielt Schritt mit Gott, und so *wurde er nicht mehr gefunden.* In dem Wandel mit Gott verschwinden wir von der Bildfläche; wir verlieren uns in Gott, wie Tersteegen sagt:

In Gott verborgen leben,
mit Ihm allein bekannt,
Gott völlig sein ergeben,
das ist ein sel'ger Stand.

Und die Menschen, die uns vorher gekannt haben
als hochmütig, eigenwillig, lieblos, finden uns heute
nicht mehr so, kennen uns heute nicht mehr so,
wie die Brüder Josephs ihren Bruder Joseph nicht
mehr erkannten; denn die Gnade hatte aus dem
Träumer einen Retter gemacht (1. Mose 42, 8).

3. Henoch hielt Schritt mit Gott, und *das brachte
ihm das Zeugnis des Wohlgefallens Gottes.* Das
Motiv aller seiner Handlungen war das Wohlgefallen Gottes. Es seinem Gott recht zu machen,
war sein höchstes Glück. Denn im Wandel mit Gott
lernt man Gott kennen und über alles lieben.

4. Henoch hielt Schritt mit Gott, und *das gab
seinem Leben und seiner Botschaft ein bestimmtes
Ziel.* Er selbst wartete auf den Herrn als auf den
Kommenden und verkündigte Ihn als den Kommenden. Einfachkeit und Bestimmtheit ist immer
ein Charakterzug derjenigen, die mit Gott Schritt
halten.

Wir finden nur wenige Gestalten in der Schrift,
die so ununterbrochen Schritt gehalten haben mit
Gott. Nur zwei Männer von 600 000, die Gott aus
der Gefangenschaft Ägyptens geführt hatte, hielten Schritt mit Ihm, bis hinein ins Land Kanaan

(4. Mose 26, 65). Und wie oft haben auch wir, die wir heute noch in Seiner Gemeinschaft stehen dürfen, nicht Schritt gehalten mit Ihm! Wie oft sind wir Ihm vorausgeeilt und hinter Ihm zurückgeblieben, gingen mit Ihm, bis wir das Kreuz und die Demütigung sahen, dann retteten wir schnell unser Leben, nahmen die Herrschaft wieder in unsre Hand! Und wie oft und viel haben wir Seinem Sinn und Seiner Art entgegengehandelt! Wir müssen nur Seine Geduld bewundern, daß Er uns nicht hat stehen lassen, sondern immer auf uns gewartet hat, bis wir aus unsern Abwegen und aus unsrer Eigenheit wieder zu Ihm gekommen sind! Aber es soll von heute an genug sein mit diesem „Zickzack"; wir wollen so vollkommen abbrechen mit unserm *eigenen* Leben, wie Christus am Kreuz damit abgebrochen hat (Röm. 6, 6). Wir wollen zu den wenigen gehören, die Schritt halten mit Jesus in Seiner Selbstverleugnung, in Seiner Opferwilligkeit, in Seiner Verwerfung usw. Tausende begleiteten Ihn bei Seinem Einzug in Jerusalem als König; aber nur wenige hielten Schritt mit Ihm, als Er zum andern Tor der Stadt hinausgeführt wurde als *einer*, der unter die Übeltäter gerechnet ward (Jes. 53, 12). Die Namen derer sind aufgezählt, die mit Jesus Schritt gehalten haben bis zum Kreuz (Joh. 19, 25. 26). Von 5000 Männern, die Er lehrte und die Er speiste, war es nur *einer*, und von den Frauen waren es nur *wenige*. Paulus hielt Schritt mit Jesus, bis hinein in Seinen

Leidensweg und bis in Seine Todesgestalt (Phil. 3, 10). Johannes hielt Schritt mit Jesus, wenn er bekennt: „Wie Er ist, so sind auch wir in dieser Welt" (1. Joh. 4, 17). Und in unserer Zeit ist es doppelt wichtig, Schritt zu halten mit Jesus, nicht nur weil der Versuchungen so viele sind, nicht nur weil wir die Fußtritte des kommenden Bräutigams schon hören in den Zeichen der Zeit (Matth. 24), sondern weil das Christentum heute größere Hingabe von uns verlangt als vor 20 Jahren. Denn wie das Christentum im Anfang nur eingeführt werden konnte durch Martyrium, so kann es in der letzten Zeit nur aufrechterhalten werden durch Martyrium.

Umgestaltung und Hoffnung

Kol. 1, 27

Umgestaltung und Hoffnung sind zwei Linien, die nebeneinander herlaufen, wie zwei Schienen, auf das eine Ziel hin: *Die Wiederkunft Christi.* Die eigentliche Hoffnung der Gläubigen ist die persönliche Wiederkunft Christi für Sein Volk. Lange bemühte ich mich, diese Hoffnung in mir lebendig zu haben und zu erhalten, bis es mir durch das Wort und durch den Geist aufgeschlossen wurde, daß die lebendige Hoffnung auf die persönliche Wiederkunft Christi *eine Frucht* der Umgestaltung in das Bild Christi sei, daß ich nur soweit ein *Wartender* sein werde, soweit ich ein *Bereiteter* geworden bin, wie Paulus es uns hier so klar sagt: „Christus in euch, die Hoffnung der Herrlichkeit." Die Umgestaltung und Gleichgestaltung in das Bild Christi nennt Paulus: „Christus in euch" und bezeichnet diesen Zustand als Berechtigung zur Hoffnung auf die Wiederkunft Christi, die als erster Segen der Hoffnung der Herrlichkeit angesehen werden muß. „Christus in euch" meint wohl das durchbrochene, herausleuchtende Christusbild aus allem Tun und Lassen, und das ist das Ziel von dem, was Paulus sagt in Eph. 3: „Christus in euren Herzen". Das Innere hat eine Gestaltung gefunden nach außen, d. h. Christus in unserm Herzen hat eine Gestalt gefunden in unserm Wesen.

Alles wirkt bei dem Kind Gottes auf das eine Gute hin: auf die Umgestaltung in das Bild Christi (Röm. 8, 28. 29). Und diese Umgestaltung ist vor allem eine Herausgestaltung aus uns selbst, aus dem falschen Bild, in das wir durch Geburt und Sünde hineingekommen sind. Mit der Geburt *„von oben"* wird der Grund zu einem andern Bild in uns gelegt, das der Heilige Geist, der göttliche Baumeister, ausbaut und vollendet, bis hinein in die Herrlichkeit des Bildes Christi (2. Kor. 3, 18). Darin besteht die eigentliche Wirksamkeit des Heiligen Geistes in den Gläubigen, nämlich das Bild Christi in uns zu verklären. Alles andre ist diesem untergeordnet oder nur ein Ergebnis dieser Seiner Wirksamkeit. Sein Werk in der Seele hat im letzten Grund gar kein andres Ziel als die Umgestaltung in das Bild Christi, indem Er Zug für Zug von unserm eigenen Bild auslöscht und uns Zug für Zug das Bild Christi aufprägt; denn wie wir getragen haben das Bild des Irdischen, d. h. unser Naturbild, wie wir es von unserm Vater und von unsrer Mutter empfangen haben und damit unsre Art und unser Wesen offenbar gemacht haben, so sollen wir nun tragen das Bild des Himmlischen, d. h. das Bild Christi (1. Kor. 15, 49). Von diesem Gesichtspunkt aus ist dann auch die Frage des „Glücklichseins", die heute so viele Kinder

Gottes beschäftigt, eine untergeordnete Frage. Jesu Speise oder Genuß war es, den Willen Seines Vaters zu tun, ob dann daraus Kreuz oder Krone folgte. Und auch wir sollen kein höheres Glück mehr kennen, als es unserm Gott recht zu machen und Sein Wohlgefallen zu haben. Auch „Sündigen" und „Nichtsündigen" wird dann bei uns nicht die *letzte* Frage sein. Sündigen und Nichtsündigen war nicht die *erste* Frage bei Gott, als Er die Menschen schuf, darum darf sie bei uns nicht die letzte sein. Unsre Geschichte fängt an mit der Ebenbildlichkeit Gottes. „Lasset Uns Menschen machen, ein Bild Uns gleich", sagt Gott, als Er zum erstenmal von den Menschen spricht Und dahin führt der Geist wieder zurück. Darum bedeutet „vorwärts kommen" für den Geist nicht, daß wir dieses und jenes gelernt und überwunden haben, sondern daß wir durch Seine Arbeit etwas von der Art Jesu gewonnen haben. Und auch „der Tag der Offenbarung" wird für Gläubige zuletzt nichts andres sein als das Offenbarwerden und Enthülltwerden dessen, was durch das Werk des Geistes von dem Bild Christi in uns geworden ist.

Wie wichtig ist darum unsre Hingabe an den Heiligen Geist, und daß wir anfangen, *zart* zu werden gegen Ihn. Denn durch jeden Gedanken, durch jedes Wort, durch jede Tat wird der innere Ewigkeitsmensch aufgebaut, alles läßt einen Abdruck zurück. Wir lesen von dem Sohn Gottes in Hebr. 1, 3, daß Er der „Abdruck" des Wesens

Gottes sei. Und wir sollen der Abdruck des Wesens Christi sein (Kol. 3, 3).

Wir sind viel zu wenig davon durchdrungen, wie wichtig all die Bewegungen in unserm Gemüt sind. Ist es uns aber einmal aufgeschlossen, dann werden wir mit heiligem Ernst darauf bedacht sein, daß unser Kopf keine Bilderkammer (Hes. 8, 7—18) und unser Herz kein Tiergarten mehr ist (Matth. 21, 12. 13) und daß auch unsre Augenblicke Ewigkeitsaugenblicke werden.

Die zuvorkommende Gnade

1. Mose 14, 17—24; Hebr. 4, 14—16

Auch eine zuvorkommende Gnade hat Gott für uns, d. h. eine Gnade, die der Versuchung zuvorkommt, um uns stark zu machen, die Versuchung zu überwinden und nicht zu sündigen. Wir können gewiß sein, daß jeder besondern Versuchung von seiten des Feindes immer eine besondere Gnade von seiten Gottes vorangeht. Als Abraham seinen Neffen Lot und die mit ihm Gefangenen und die geraubte Habe aus der Hand der vier Könige errettet hatte, zog ihm der König von Sodom entgegen mit der Bitte: „Gib mir die Seelen, die Habe behalte für dich!" Das war eine ungeahnte Versuchung für Abraham, aber nicht ungeahnt für Gott. Denn bevor sich der König von Sodom mit seiner Versuchung dem Abraham nahen durfte, kam zuvor der König von Salem mit seinem Segen. Er brachte Brot und Wein heraus und segnete Abraham und sprach: „Gesegnet sei Abraham von Gott dem Höchsten, der Himmel und Erde besitzt!" Abraham empfing eine besondere Gnade, nicht allein durch den besonderen Segen, sondern auch durch die neue Namensoffenbarung Gottes, als: Gott der Höchste, der Himmel und Erde besitzt. Abraham verstand die Gnade und benützte sie;

denn wir hören, wie er genau dieselben Worte dann dem König von Sodom sagt, die er vorhin von dem König von Salem empfangen hatte. War das nicht zuvorkommende Gnade? Abraham verstand diese zuvorkommende Gnade und wußte sie zu brauchen, um sich zu wappnen für die bevorstehende Versuchung.

Wir wissen aus Hebr. 7, daß dieser „Melchisedek, König von Salem", ein Vorbild ist von Christus, unserm Hohenpriester, welcher auf dem Thron der Gnade ist, um die Seinen zu bewahren in der Stunde der Versuchung, indem Er sie mit Gnade stärkt, die Versuchung zu überwinden und nicht zu sündigen. Als Hoherpriester hat Er es mit unsern Versuchungen zu tun, hat Er Mitleiden mit unsern *„Schwachheiten"*, d. h. mit unsern Versuchungen. Die Schrift nennt unsre Sünden nicht Schwachheiten, sondern sie nennt Sünde einfach Sünde — aber unsre Versuchungen nennt sie Schwachheiten. Für jede besondere Versuchung, die von der Hölle angebahnt wird, bereitet Er eine besondere Gnade. Das Lamm im Thron hat sieben Augen (Offb. 5, 6). Es sieht vorwärts, rückwärts, seitwärts und abwärts. Ihm entgeht kein Anschlag des Feindes gegen uns, auch die feinsten Fäden und die verborgensten Schlingen des Feindes sieht Sein Auge und macht Seine Hand unwirksam. Und das muß auch so sein. Denn wären wir in den Versuchungen allein auf uns angewiesen, würde nicht ein höheres Auge über uns wachen, gewiß, wir würden nicht aus dem Fallen herauskommen. Aber über uns wacht der große und der barmherzige Hohepriester, das Lamm mit Seinen sieben Augen, um uns Gnade zu geben zur rechtzeitigen Hilfe, damit wir nicht sündigen. Sündigen wir aber dennoch, so haben wir versäumt, Gnade zu nehmen zur rechten Zeit. Weil wir die zuvorkommende Gnade nicht beachtet und gesucht haben, müssen wir nun die vergebende und reinigende Gnade suchen (1. Joh. 2, 1).

O teures Kind Gottes, wie zart sollten wir sein gegen besondere Gnadenerweisungen Gottes, denn sie sind oft nur Vorboten und eine Stärkung für eine noch ungeahnte Versuchung. Sei sorgsam, damit sie dir nicht verlorengeht. Denn es kommen Augenblicke, wo du jede empfangene Gnade brauchst, und nirgends wirst du die Untreue gegen vorausgegangene Gnaden so empfindlich büßen müssen als in den Stunden der Versuchung. Und hast du gerade jetzt eine besondere Gnadenzeit, so sei treu; denn es kommen Momente, wo du alles brauchst, was du gelernt und empfangen hast. Denn wir müssen es auch oft in umgekehrter Reihenfolge erfahren, daß auf besondere Gnadenzeiten besondere Versuchungszeiten folgen. Nach der Taufe im Jordan mit dem Heiligen Geist folgte bei Jesus die vierzigtägige Versuchung in der Wüste; nach der Stimme des Wohlgefallens Seines Vaters kam die Stimme des Versuchers voll Zweifel und Überhebung (Luk. 4, 1—13). Heute hatte David den

Goliath geschlagen und wurde gefeiert als der Held des Tages, und schon morgen warf Saul den Spieß nach ihm, ihn zu töten (2. Sam. 18, 6—12). Darum heißt es nicht umsonst im Segen des Herrn: „Der Herr segne dich und *behüte dich!*" Niemand hat das Behüten Gottes nötiger als die vom Herrn Gesegneten. Denn auf jeden besonderen Segen Gottes sucht der Feind eine Antwort. Wenn Gott oben auf dem Berg dem Mose die Wohnung zeigt, in welcher Er unter Seinem Volk wohnen will, treibt der Feind unten das Volk zur Abgötterei und macht ein goldenes Kalb (2. Mose 32). Jeden Gottessegen sucht er mit seiner Hand zu besudeln. Darum habe acht auf empfangene Segnungen.

Das „Ja" des Geistes

Offb. 14, 13

Wir lesen in diesem Vers von Menschen, bei deren Lebensabschluß der Geist sprechen konnte: „Ja!" Und gewiß darum, weil sie in ihrem Leben nie etwas getan haben ohne das Ja des Geistes. Ja, spricht der Geist über ihr Leben; denn es war nicht umsonst. Sie haben ein Leben hinter sich, das am Tor der Ewigkeit nicht ausgestrichen werden muß als verloren. Ja, spricht der Geist über ihren Weg; denn sie haben nicht nur das Leben beendet, sondern auch *„den Lauf vollendet"* (Phil. 1, 23; 2. Tim. 4, 7). Der Geist ist mit ihnen ans Ziel gekommen. Ja, spricht der Geist über ihre Arbeit; denn es sind Werke, die ihnen nachfolgen können in die Herrlichkeit. Ihr Leben ist eine Quelle und ein Sieg geworden für den Geist, ein Leben mit einem Ewigkeitsinhalt, auf das der Geist mit Befriedigung hinweisen kann.

Teures Kind Gottes, wir müssen ein zartes Ohr bekommen für das *„Ja"* und *„Nein"* des Geistes. Wir müssen in eine Stellung kommen zu dem Geist, wie sie David beschreibt im 139. Psalm, wenn er sagt: „Du kennest mein Sitzen und mein Aufstehen, Du verstehst meine Gedanken von fern. Du siehest mein Wandeln und mein Liegen und bist vertraut mit allen meinen Wegen. Denn das Wort ist noch nicht auf meiner Zunge. Jehova, Du weißt es ganz. Von hinten und von vorn hast Du mich eingeengt und auf mich gelegt Deine Hand." In einem Lied von Knapp lesen wir: „Hör' ich hier des Geistes Ja!" „Hör' ich hier des Geistes Nein!" Hast du ein Ohr für des Geistes Ja und Nein? Und achtest du allezeit darauf? Rührt nicht der Tumult in deinem Innern, die Ungewißheit in deinem Tun daher, daß dein Ohr nicht gewöhnt ist zu achten auf des Geistes Ja und Nein? Hast du dich daran gewöhnt, keinen Ausgang zu tun, keine Ausgabe zu machen, keine Unterhaltung anzuknüpfen, keine Freundschaft und keine Verbindung einzugehen, ohne des Geistes Ja. Und bist du immer gehorsam, wenn der Geist ein Nein hat auf deine Wünsche und Wege? Von Paulus und seinen Gefährten wird gesagt: „Und der Geist wehrte es ihnen" (Apg. 16, 7). Verstehst du etwas von dem „Wehren" des Geistes, und achtest du darauf? Und von unserm Herrn lesen wir: „Er wurde vom Geist geführt" (Matth. 4, 1). Der Geist hatte die Führung für jeden Schritt Seines Lebens, alle Seine Tritte waren vom Geist geordnet. Er verstand das Ja des Geistes und das Nein des Geistes und war demselben auch nie einen Augenblick ungehorsam. Er war der Geistesmensch, der sich jeden Morgen das Ohr öffnen ließ, um zu hören wie einer, der belehrt wird (Jes. 50, 4). Er war es, der sagen konnte: „Ohren hast Du mir bereitet" (Ps. 40, 7),

d. h.: Ich bin willig, alles zu hören und auf alles einzugehen und wenn es Kreuz und Tod sein sollte. Er war der David, der allezeit hörte auf das Lispeln von oben (1. Chron. 14, 15). Darum machte Er keine Fehlgriffe, darum konnte Er Wege gehen, die kein andrer vor Ihm gegangen war. Sein Gang war so eingerichtet, daß Er in allem das Ja des Geistes hatte — und wenn auch dann alle Menschen Nein sagten, so hatte das für Ihn keine Bedeutung (Matth. 16, 21—23).

Vielleicht rühren viele Niederlagen, viele unerhörte Gebete, viele Mißerfolge daher, daß wir uns nicht gewöhnt haben, auf das Ja und Nein des Geistes zu achten. Paulus sagt in Phil. 2, 12. 13, wo er von dem Auswirken der Seligkeit spricht: „Gott ist es, der beides wirkt, das Wollen und das Vollbringen nach Seinem Wohlgefallen." Dies Wort gibt uns weitern Aufschluß. Weil Gott in vielen Dingen nicht durfte den Anfang machen, nicht durfte das Wollen wirken, darum gab es kein Ihm wohlgefälliges Vollbringen, kein Werk, auf dem das Siegel des Geistes war. Schon am Morgen bei unsrer ersten Begegnung mit Ihm haben wir gesagt, wieviel gutes Wollen wir haben für diesen Tag und haben gemeint, Ihn damit zu erfreuen und uns die gewisse Erhörung zu sichern; aber statt dessen haben wir Ihn betrübt und uns die Tür des Heiligtums verschlossen, weil wir unser Eigenes hineintragen wollten, was Er niemals zulassen wird. Du mußt am Morgen nicht soviel sagen: Ich — ich, sondern du mußt sagen, wie es Jüngern geziemt: Du! Jesaja sagt: „Er weckt mir alle Morgen das Ohr, *daß ich höre.*" Hören ist das Geziemende für einen Knecht und nicht Sprechen. Unser Heiland, der Knecht des Herrn kam zu Seinem Vater mit den Worten: „Siehe, hier bin Ich, zu tun Deinen Willen!" (Hebr. 10, 9.) Das ist ein rechtes Kommen zu Gott, besonders am Anfang eines jeden Tages und am Anfang eines jeden Unternehmens.

Vergebung und Reinigung

1. Joh. 1, 7

Reinigung durch das Blut ist nicht das gleiche wie Vergebung durch das Blut. Vergebung durch das Blut umfaßt die Sünden im großen und ganzen, hingegen die Reinigung durch das Blut hat es mit der *einzelnen* Sünde zu tun, wie wir gelesen haben: „Wenn wir aber in dem Licht wandeln, wie Er in dem Licht ist, so haben wir Gemeinschaft miteinander, und das Blut Jesu Christi, Seines Sohnes, reinigt uns von *jeder* Sünde." Von *jeder Sünde!* Um dies erfahren zu können, müssen wir uns vor allem jede Sünde aufdecken und jede Sünde einzeln in Sein Licht stellen lassen. Wir dürfen dann nicht so „en gros" mit unsrer Sünde umgehen, sondern müssen sie uns von Ihm detaillieren lassen. Und der Geist ist so treu, daß Er das tut. Er hat für jede Sünde eine Stunde und eine Gelegenheit, wo Er sie uns unter die Augen stellt und uns zeigt, wie sie aussieht im Lichte Gottes, und uns fragt, wie wir uns nun dazu stellen.

Johannes sagt: „Wenn wir in *dem* Licht wandeln, wie Er in dem Licht ist, so . . .", nicht in dem Licht der Versammlung, der wir angehören, oder in dem Licht irgendeines Bruders oder einer Schwester, die wir uns zum Ideal erwählt haben, sondern in dem Licht, in dem Er ist. Viele Dinge in unserm Leben sind Sünde in Seinem Licht, die uns niemals zur Sünde geworden sind in dem Licht unsrer christlichen Umgebung. Denn Er bringt nicht nur unsre Worte und unsre Taten in das rechte Licht, sondern auch die Motive und Gesinnungen des Herzens, und wir müssen erfahren, daß wir es mit *dem* zu tun haben, in dessen Augen alles bloß und aufgedeckt ist. So handelt es sich in der Reinigung durch das Blut in erster Linie nicht um die Äußerungen der Sünde, sondern um die Sünde *selbst* in ihren verdeckten Formen und in ihrer verschleierten Geschichte. Und in Seinem Licht wird dies alles aufgedeckt und der letzte Grund gezeigt.

Als Israel auf heiligem Boden gesündigt hatte, indem es sich am Verbannten des Herrn vergriffen, mußte das ganze Volk in die Gegenwart Gottes treten, und es wurde von Stamm zu Stamm, von Geschlecht zu Geschlecht, von Vaterhaus zu Vaterhaus gesucht, bis der gefunden war, von dem der Bann herrührte (Jos. 7). Und als dies geschehen war und Israel zu seiner Sünde gestanden und sich gebeugt hatte, konnte es befreit werden von seinem Bann. Darum ist Reinigung durch das Blut bedingt von dem Wandel in Seinem Licht. In Seinem Licht wird der Lebensnerv jeder Sünde bloßgelegt und gerichtet. Wir müssen nicht die Sünde unterdrücken wollen, sondern wirkliche Reinigung von derselben suchen. Und sie ist im Blut Jesu Christi, des Sohnes Gottes.

Es ist sehr beachtenswert, daß Johannes sagt: „Wenn wir in dem Lichte wandeln, *wie Er in dem Lichte ist.*" Gott ist im Licht, und zwar *ununterbrochen*. Soll es bei uns zu einer Reinigung kommen von jeder Sünde, so müssen wir vor allem lernen, ununterbrochen im Licht zu wandeln, nicht heute im Licht und morgen in der Finsternis, nicht eine Woche ertschieden und eine andre wieder im Schwanken. Auf diese Weise müssen wir immer die vergebende Kraft des Blutes suchen und kommen nicht dazu, die reinigende Kraft des Blutes zu erfahren. Es ist ja eine unaussprechliche Gnade, daß wir mit jeder geschehenen Befleckung zu dem Born wider alle Sünde und Unreinigkeit eilen dürfen; aber wir sollten nicht bei dem stehenbleiben müssen. Die Vergebung der Sünde sollte die Reinigung von der Sünde zur Folge haben, sonst müssen wir vielleicht schon die nächste Woche mit derselben Sache kommen und so Jahr für Jahr. Wer aber im Licht gesehen hat, was Sünde bedeutet für ihn und für seinen Gott, der ist nicht zufrieden, nur Vergebung zu haben, sondern er sucht ebensosehr auch die Reinigung. Und wer dies nicht tut, von dem sagt Johannes im vorhergehenden Vers, daß er in Finsternis wandle.

Reinigung von jeder Sünde! Wie ist das möglich: Es ist möglich durch das Blut Jesu Christi, des Sohnes Gottes. Beachte, Johannes sagt nicht einfach: „Das Blut Jesu", sondern er sagt: „Das Blut Jesu Christi, Seines Sohnes." Warum häuft er hier die Ausdrücke so stark auf? Er will uns gewiß damit die Kraft dieses Blutes vor Augen stellen. Das Blut, das uns reinigt von jeder Sünde, ist das Blut Jesu Christi, des Sohnes Gottes.

Führungen

Ps. 105, 17—22

Gott reinigt auch durch Führungen. Er bringt uns in Verhältnisse und Situationen, bringt uns mit Menschen zusammen, wo unser Inneres nach außen gekehrt und der wahre Grund unseres Herzens aufgedeckt wird. Es können Dinge in unserm Innern schlummern, oder vielleicht leben und wirken sie in unserm Wesen; aber wir waren bis jetzt blind darüber und noch nicht reif, daß Gott sie uns in Sein Licht stellen konnte. Aber nun tut es Gott, und wir lernen uns nach einer Seite hin kennen, wie wir und andre uns bis dahin nicht gekannt haben.

Israel wurde von Gott in die Wüste geführt, wo ihnen auf einmal alles das fehlte, was sie bis jetzt im Überfluß zu genießen hatten. Und was geschah? *Sie murrten wider Gott,* weil Brot und Wasser nicht zur gewünschten Zeit da war; aber in der Wüste mußten sie sehen, was sie selber waren. Wenn jemand in Ägypten zu den Israeliten gesagt hätte: Ihr werdet auch einmal murren wider Gott!, so hätten sie geschworen, daß sie das nie tun würden. Und siehe, als sie in die Wüste kamen, da taten sie es wirklich! Nur zwei von 600 000 Männern haben diese Prüfung bestanden und ließen sich reinigen durch diese Führung. Josua und Kaleb waren es, die Jehova völlig vertraut hatten in Seinen Führungen und Ihm darum *völlig nachgefolgt* sind (4. Mose 14, 24). Wie oft haben wir hier die Prüfung nicht bestanden, haben gemurrt, statt uns gebeugt, und Ihm vertraut, haben die Verhältnisse und Menschen angeklagt, weil wir nicht verstanden, daß sie nur Mittel sein sollten zu tieferer Reinigung. Und so sind wir wieder mit den Schlakken aus dem Tiegel gekommen. Uns ist keine Hilfe geworden, weil wir Gottes Absicht vereitelt hatten durch unsern Eigenwillen. Aber weil der Herr Geduld mit uns hat, fängt Er noch einmal von vorn an — oft nur auf eine wehertuende Weise. Weil Er den kürzeren Weg mit uns nicht gehen konnte, geht Er nun den längeren (2. Mose 13, 17).

Auch unheilige Menschen braucht Gott zu unsrer Reinigung. Jakob mußte mit einem Laban zusammenkommen, damit er an seiner Ungerechtigkeit seine eigene verabscheuen lernen sollte. Jakob hatte übervorteilt, und er kam zu einem Übervorteiler. Haben wir nicht ähnliche Erfahrungen gemacht? Sind wir nicht oft mit Menschen zusammengestellt worden, die unsern gleichen Typus hatten mit allen seinen Fehlern? Aber statt an ihnen uns hassen zu lernen und uns reinigen zu lassen, haben wir sie gehaßt und uns noch mehr verunreinigt mit ihrer Unreinigkeit. Hanna machte es besser. Sie hatte Peninna neben sich, die sie kränkte Jahr für Jahr. Aber Hanna sagte nicht zu ihrem Mann: Ich laß mich scheiden! Ich lauf davon! Nein, sie ließ sich reinigen. Und so wurde sie eine fruchtbare Rebe, die einem Samuel das Leben schenken konnte. Sie sah die Peninna nur als Messer, das der Weingärtner brauchte zu ihrer Reinigung. Du·mußt die Menschen, die dich betrüben, nicht ansehen als eine Last, sondern als einen Schleifstein, den der himmlische Schleifer braucht, um dich schön zu machen, als einen Hammer, den der Meister nötig hat, um dem Eisen die rechte Form zu geben. Geh in die Schmiede und frage den, der am Amboß zuschlägt, wie er wisse, wohin er zu schlagen habe mit dem großen Hammer, so wird er dir antworten: Immer dahin, wo der Meister mit dem kleinen Vorschlaghammer zuerst hingeschlagen hat. *„Du* hast Menschen über unser Haupt fahren lassen", sagt David. Das hat Gott zugelassen. Joseph wurde ins Gefängnis geworfen von den Ägyptern. Und sie zwangen seine Füße in den Stock, und sein Leib mußte in Eisen liegen (Ps. 105). Wie lange? Bis daß Sein Wort kam und die Rede des Herrn ihn durchläuterte. Da sandte der König hin und ließ ihn losgeben. Über den Ägyptern stand Jehova. Er ließ es zu, daß er in Zwang und Eisen kam, und Er sorgte dafür, daß er keinen Augenblick länger darin blieb, *„bis die Rede des Herrn ihn durchläutert hatte"*, bis Gott eine tiefere Reinigung an ihm zustande gebracht hatte.

Führung fordert Stille, weil es Führungen sind abwärts, die unsre eigenen Kräfte in den Staub beugen, wie wir sehen bei der Befreiung Israels (2. Mose 5, 6ff.). Nicht nur Pharao mußte beiseitegesetzt werden, sondern auch Israel und sogar Mose und Aaron. Denn nicht nur Pharao sollte *Jehova kennen* lernen, sondern auch Mose und Israel. Und darauf zielen ja vor allem die Führungen Gottes mit uns ab, uns beiseitezusetzen und Raum zu machen für Gott, so daß Gott sei alles und in allem und auch über den *Höhen* und *Tiefen* unsers Lebens stehe: „Zur Verherrlichung Gottes, des Vaters" (Phil. 2, 11).

Wer überwindet!

Offb. 2, 11—3, 21

Eine dreifache Bedeutung liegt wohl in dem: *„Wer überwindet"*, das wir am Schluß von jedem der sieben Sendschreiben finden: 1. *eine Mahnung,* 2. *eine Ermutigung,* 3. *eine Verheißung.*

1. *Eine Mahnung.* Mit diesem „wer überwindet" ist nicht nur gemeint eine Überwindung der Sünde und der Welt im allgemeinen Sinn. Es soll nicht den Gegensatz bezeichnen zu dem früheren Weltleben, denn es richtet sich ja an die Gemeinde des Herrn. Es richtet sich an einzelne in der Gemeinde und will sagen: Wer die Trägheit, Gleichgültigkeit, das Abweichen und Zurückbleiben in den Gemeinden überwindet, wer da, wo andre hängen- und stehengeblieben sind, durchbricht, wer trotz aller Veräußerlichung um sich her in den göttlichen Linien bleibt und dem göttlichen Ziel zueilt, wer nicht wie Orpa umkehrt, wenn sie von Bitterkeit und Entsagung hört, sondern wie Ruth durchbricht und ihr Leben wagt (Ruth 1, 6—14). Der erste und engste Kreis, wo wir Überwinder werden sollen, ist nächst der Familie die Gemeinde, der wir angehören und die ja auch nur eine Familie ist im weitern Sinn des Wortes. In der Familie, Mann gegen Weib und Weib gegen

Mann, gab es die erste Niederlage, und hier ist auch der Platz, wo der Überwinder die erste Probe machen muß; hier sollen die Überwinder erzogen und gebildet werden. Manche verlassen den Familienkreis, weil der Übungen hier so viele sind und weil ihnen dieselben so alltäglich und wertlos erscheinen, und treten in den Missionskreis, um dort in den Linien der Überwinder zu kämpfen; andre verlassen ihren Gemeindekreis und schließen sich einem andern an, in der Meinung, dort eher ein Überwinder werden zu können. Aber das ist nicht der Weg, auf dem man ein Überwinder wird. Der Herr hat die Treuen nicht aus der Gemeinde weggerufen, sondern sie ermahnt, da ein Überwinder zu werden, wo sie stehen. Erst wenn wir uns in dem engen Kreis der Familie, der Gemeinde ausgewiesen haben als Überwinder, kann uns der Herr in weitere Kreise führen. Mancher will ein „Zeuge" sein, bevor er ein „Zeugnis" gewesen ist. Die Art und Weise aber, wie Gott Seine Zeugen bereitet, ist: erst ein Zeugins, dann ein Zeuge.

2. *Eine Ermutigung.* Gewiß muß dieses Wort noch mehr sagen, als bloß die Hindernisse überwinden, an welchen andre in der Gemeinde hängengeblieben sind; denn diese Aufforderung wird von dem Herrn ja auch an diejenigen Gemeinden gerichtet, für die der Herr keinen Tadel, sondern nur Lob und Ermutigung hat. Hier muß es also heißen: Wer vorwärts schreitet, wer Schritt hält

mit dem Geist, wer bis zum Ziel durchdringt. Denn wenn wir auch momentan so stehen würden, daß der Herr nichts an uns zu tadeln hätte, wenn Er auch nicht als der Strafende und Korrigierende vor uns stehen müßte, so steht Er doch allezeit vor uns als der Winkende, der uns winkt, dem Ziel zuzueilen, Ihm nachzukommen. Denn wir sind ja doch auf keine Linie bis zum letzten Punkt gekommen. Es ist noch nicht erfüllt an uns, was von den Überwindern geschrieben steht (Offb.12,11): „Sie haben ihn (den Satan) überwunden." Der Mensch wurde geschaffen und in das Paradies gesetzt, um ein Überwinder des Satans zu sein, um das Böse, das schon vor dem Menschen auf der Erde war, zu verdrängen. Der Mensch sollte der Rivale des Satans sein. Aber statt dessen ist er unter die Herrschaft des Satans gekommen, bis Christus kam, der uns aus der Obrigkeit der Finsternis und aus der Gewalt Satans *befreite* und kraft Seines Blutes uns wieder zu Königen und Priestern gemacht hat, die über die Erde herrschen. Denn es muß ein Augenblick kommen, wo die Überwinder kraft des Blutes des Lammes den Satan verdrängen werden aus seinen bis jetzt behaupteten Stellungen.

3. *Eine Verheißung.* Auch will der Herr durch dieses: *„Wer überwindet!"* eine neue Disposition schaffen in uns für größere Segnungen. Er sagt: Wer überwindet, *dem will ich geben ... den will Ich machen ... den will Ich kleiden ... den will ich*

setzen usw. Jedesmaliges Überwinden schafft in uns eine Disposition, bringt uns auf einen Boden, wo wir neue und größere Segnungen empfangen können. Die in gegenwärtigen, geringen Dingen sich ausgewiesen haben als solche, die Geduld und Tragkraft haben, die will Er zur Säule machen in Seines Gottes Haus. Hier geht es nach dem Grundsatz: *„Gnade für Gnade"* (Joh. 1, 16), d. h. wir empfangen eine Gnade, leben sie aus und bringen sie zurück und empfangen dafür eine weitere und tiefere Gnade. Und so muß es auch sein. Wir können ja nicht Kinder bleiben, sondern sollen Überwinder werden, wie auch die Offenbarung das letzte Buch der Bibel, uns nicht mehr *„Kinder"*, sondern *„Überwinder"* nennt.

Verborgene Opfer

„Wie eine Wurzel aus dürrem Erdreich."
(Jes. 53, 2)

Wie dürre Erde für eine Wurzel, so war für Jesus seine Umgebung, sagt dieser Vers. Er hatte keine Nahrung, keine Unterstützung von seiten Seiner Umgebung. Er fand nicht die Lebensbedingungen in ihr — und doch ist Er gediehen! Warum? Weil Er Sein Leben von oben hatte. Er lebte durch den Vater. Und Er legte das von oben empfangene Leben hinein in Seine tote Umgebung und verschlang so den Tod und weckte das Leben auf. Er war wohl wie eine Wurzel im Menschenerdreich; aber nicht um darin Sein Leben zu finden, sondern um da hinein Sein Leben zu legen. Das war ein verborgenes Opfer.

Die Botanik lehrt, daß Bäume, wie z. B. die Föhre und Tanne, die auf Stein und Felsen wachsen, erst durch einen gewissen Saft, den sie in ihren Wurzeln haben, die Steine vor sich her zerlegen und so der Wurzel Bahn machen, um sich ausbreiten zu können. Sie legen also zuerst hin, sie setzen zuerst ihr Leben ein, bevor sie Leben nehmen können. Das sind verborgene Opfer. Und so ist es möglich, daß sie an Orten existieren und gedeihen können, wo es für andere einfach unmöglich wäre. Und hat nicht

Er, die Wurzel im dürren Erdreich, das in besonderer Weise getan? Hat nicht Er Sein ganzes Leben ausgeschüttet, bis Er in dem dürren Erdreich der Menschheit einen Widerhall von Liebe und Leben gefunden hat? Er hat das Leben erst aufgeweckt durch Seinen Tod, in den Er sich gab, wie der Prophet weiter unten sagt: „Wenn Er Sein Leben zum Schuldopfer gestellt haben wird, so wird Er Samen haben." Keine offenbare Frucht ohne verborgenes Opfer, ist Gesetz im Reich Gottes.

O welch eine Antwort ist dieses Zeugnis auf die Klagen so vieler Kinder Gottes betreffs ihrer Umgebung und ihrer Verhältnisse. Für Lämmer gibt es keine Verhältnisse, die sie aufhalten und ihr Wachstum hindern könnten. Weil sie zuerst Gebende sind und nicht Nehmende, gedeihen sie auch da, wo für andre, welche diese Gnade nicht haben, eine Existenz ein für allemal unmöglich wäre. Denn mit Geben kommt man überall durch und gewinnt Frucht — und bleibt frisch! Da haben wir das Geheimnis, warum wir so viele fruchtleere, müde, ungetröstete Kinder Gottes haben. Ihre Gebete, ihr Bibellesen, ihre Tränen sind ein großes Betrüben des Heiligen Geistes; denn sie suchen in dem allem nur sich selbst, d. h. sie sinnen nur darauf, wie in dem allem ihre Bedürfnisse befriedigt werden können. Sie haben nicht verstanden, daß sie das Salz der Erde sind. Gibt oder nimmt das Salz?

Wann fangen wir an, auch hierinnen unsern Beruf zu verstehen und hören auf zu klagen über unsre Umgebung und hören auf, unser Zukurzkommen zu entschuldigen mit unsern ungünstigen Verhältnissen! Unser Christentum soll nicht länger dem Lotteriespiel gleichen, wo man für einen geringen Einsatz ohne Mühe einen hohen Preis gewinnt. Sondern wir wollen lernen von dem Lamm, das als Motto hatte: „Ich bin nicht gekommen, daß Ich Mir dienen lasse, sondern daß Ich diene und gebe Mein Leben." Er setzte zuerst den großen Preis ein; Er gab zuerst das Kapital, ehe Er die Zinsen forderte; Er säte erst, bevor Er ernten wollte.

Teures Kind Gottes, was hast du hineingelegt in deine Umgebung? Kennst du die verborgenen Opfer, die stillen Opfer, die so groß sind in Gottes Augen? Das ist königlich, wenn wir unser Leben geben können, ohne daran zu denken, daß etwas dabei herauskommt für uns, ohne daß wir die Frucht unseres Opfers genießen wollen, sondern daß es auch für uns selbst ein verborgenes Opfer ist. So war es bei Jesus. Am Kreuz sah Sein Leben aus wie ein verlorenes; aber über dem Kreuz stand der Geist und wachte mit heiliger Besorgnis darüber, daß von dem Leben, das in den Tod gegeben war, nichts verloren ging. Aber es bedarf Gottesherrlichkeit, um solche Todeswege gehen zu können, wie wir lesen Hebr. 2, 9. Und nur diejenigen, welche in der Aufopferung ihres Lebens den Wert ihres Lebens gesehen haben, werden hier Schritt halten mit dem Lamm. Denn es handelt sich bei ihnen nicht um große Taten, sondern um ein großes *Motiv*, womit sie jedes geringste Werk adeln. Und dieses Motiv heißt: *„Alles meinem Gott zu Ehren!"*

Die wiederherstellende
Gnade Gottes

Wissen Sie, welche Menschen der Botschaft von der Gnade am bedürftigsten sind? fragte mich jemand. Welche denn? Diejenigen, welche einmal auf dem Weg der Gnade gewesen sind und wieder abgewichen sind und jetzt nicht mehr den Mut haben, diesen Weg wieder zu betreuen. Unsre Antwort ist:

*„Gott hat auch eine
wiederherstellende Gnade."*

Wir sehen dies aus vielen Beispielen der Schrift und vielleicht am deutlichsten aus dem Leben Abrahams. Er war nach dem Befehl des Herrn aus seinem Vaterland in das Land Kanaan gezogen. Als aber eine Teuerung in daselbe Land kam und Brot mangelte für seine Knechte und Futter für sein Vieh, da zog er, ohne den Mund des Herrn zu fragen, nach Ägypten. Und in Ägypten verlor er sein Weib, verlor er sein Zeugnis, verlor er seinen Altar, verunehrte er seinen Gott vor seinem Hause und vor den Ägyptern. Und was tat nun Gott mit ihm. Gott trat dennoch ein für ihn vor Pharao und führte ihn wieder zurück an den Ort, wo am ersten seine Hütte stand (1. Mose 13, 1—3), also genau auf den Punkt, wo er abgewichen war. *Ist das nicht wiederherstellende Gnade?* Und diese Gnade hat Gott für jeden, der von seinem Abweg umkehrt wie Abraham.

Aber die wiederherstellende Gnade will uns nicht nur auf den Punkt zurückbringen, wo wir abgewichen sind, sondern sie will uns auch auf einen höheren Punkt bringen, wo wir nicht mehr abweichen. Gott sagt im Propheten Hosea 14,5: *„Ich will ihr Abtreten heilen"* — d. h. nicht nur den Schaden, der aus dem Abtreten kommt, sondern das Abtreten selbst. Denn aus Abweichungen wird nur dann ein Segen, wenn der Aufgerichtete den Dingen, in denen er gestrauchelt ist, so gründlich entrückt wird, wie er es nie zuvor gewesen ist. Abraham zog nie mehr nach Ägypten; Petrus, der Gottes wiederherstellende Gnade auf so wunderbare Weise erfahren hat, verleugnete nie mehr seinen Herrn, wurde seinem Hochmut, der Ursache seines Falles, so gründlich entrückt, wie es nur zu denken möglich war. Das gleiche sehen wir bei dem „verlorenen Sohn", der ebenfalls ein herrliches Beispiel ist von Gottes wiederherstellender Gnade. Der vorher mit nichts zufrieden war im Hause seines Vaters, wäre nun zufrieden gewesen mit der Stellung eines Tagelöhners. Aber der Vater hat ihm bei seiner Wiederherstellung *nicht weniger* gegeben, als er im Anfang hatte, sondern hat ihm *mehr* gegeben. Das will die wiederherstellende Gnade, sie will uns nicht nur wieder auf den Punkt bringen, wo wir zuvor waren, sondern sie will uns weiterbringen; sie will uns von dem Punkt, wo wir abweichen konnten, ganz entrücken und uns auf einen höheren Punkt heben. Dann ist wahr: „Und Seine Gnade ist an mir nicht vergeblich gewesen!" *Nicht weniger Gnade mußt du nach deinem Fall von deinem Gott erwarten, sondern mehr Gnade,* damit du nicht mehr abfällst. Gott gibt tiefere Gnade, um dich dadurch fester an sich zu binden, völliger in Seine Hand zu bekommen, damit von nun an dein Weg ein Weg ohne Abbiegungen sei.

Es gibt Punkte im Leben eines Kindes Gottes, wo jahrelange Zickzackwege sich plötzlich gestalten zu einem geraden Weg. Jakob hat einen solchen Punkt in „*Bethel*" gehabt, als Gott ihm sagte: „Du sollst nicht mehr Jakob heißen, sondern Israel — und also nannte man ihn Israel." Sein Weg war bis dahin ein Zickzackweg; aber von da an wurde sein Weg ein gerader Weg, von da an errang er sich noch die Heldenschaft im Glauben. Denn wir finden auch ihn, der so lang und so oft geschwankt hat, zuletzt noch unter den Glaubenshelden; die Gnade brachte noch etwas in sein Leben hinein, das der Geist aufbewahren konnte zum Segen für andre und das Er brauchen konnte zum Bau des Reiches Gottes. Das ist die Macht der Gnade, die nicht ruht, bis sie uns doch zuletzt auf den Punkt gebracht hat, wo sie uns haben wollte und wo wir noch ein Preis geworden sind der Gnade Gottes über uns. — Bist du abgewichen? Suche nicht das

Verlorene nur, sondern suche *mehr*. Gott hat mehr Gnade für dich, als du bisher gehabt hast. Der Geist gibt *„reichlichere Gnade"*, lesen wir Jak. 4, 6. Er führt dich nicht *zurück* zu deinen früheren Erfahrungen, sondern Er führt dich *vorwärts* zu weiteren und tieferen Gnaden.

Versiegelt mit dem Heiligen Geist

1. *Der Geist versiegelt die Glaubenden, die ihr Leben Gott übergeben haben* (Eph. 1, 13). Daß du dein Leben immer wieder zurücknehmen kannst, nachdem du es doch übergeben hast, ist ein Beweis, daß deine Übergabe nie eine völlige war und darum nicht vom Geist versiegelt worden ist. Eine Übergabe, die vom Geist versiegelt war, kann nicht so leicht gebrochen werden. Es kann Erschütterungen geben; aber darüber straft der Geist so tief und ernst, daß die betreffende Seele lieber sterben möchte, als noch einmal einen solchen Ungehorsam zu begehen und eine solche Züchtigung zu erfahren. Sie spürt, sie würde darunter zusammenbrechen; denn der Seelenschmerz, der auf das Betrüben des Geistes folgt, ist viel größer als der Schmerz der Buße, den sie empfand bei ihrer Bekehrung. Je mehr eine Seele in der Hingabe an Gott steht, desto eifersüchtiger ist der Geist um sie. Sie erfährt, daß vor allem der Heilige Geist *„der eifersüchtige Gott"* ist, wie Jakobus sagt: „Der Geist, der in euch wohnt, *begehrt* und *eifert."* Er nennt eigenen Willen Ehebruch gegen Gott, und Schauen nach der Welt nennt er Feindschaft gegen Gott (Jak. 4).

2. *Der Geist versiegelt auf den Tag der Erlösung hin* (Eph. 4, 30). Der Geist hat ein ganz bestimmtes

Ziel mit denen, die Er ganz in Seine Hand bekommen hat. Und dieses Ziel ist: *sie in Christi Bild Christi Wiederkunft entgegenzuführen.* Das ist der Tag der Erlösung. Auf den hin versiegelt und arbeitet der Geist. Und Seine Arbeit hat einen ersten großen Abschluß gefunden, wenn bei jedem Glied am Leibe Christi der ihm eigene Herrlichkeitsstrahl zum Durchbruch gekommen ist. Denn jedes Glied am Leibe Christi ist ein besonderer Strahl der Herrlichkeit Christi, jedes stellt einen besonderen Strahl Seiner Herrlichkeit dar, jedes hat nach einer bestimmten Richtung hin eine besondere Gnade, und mit dieser besonderen Gnade ist es ein besonderer Segen, füllt es eine besondere Lücke aus. Und alle diese Herrlichkeits- und Gnadenstrahlen zusammengefaßt machen das Herrlichkeitsbild Christi aus. Und wenn der uns eigene Herrlichkeitsstrahl Christi bei uns noch nicht zu sehen ist, so ist es deswegen, weil diese Dinge noch verschüttet und verwischt sind, noch in Gärung sind. Es ist dem Geist noch nicht gelungen, den besonderen Lebenszug, der jedem eigen ist, zum Ausdruck zu bringen. Wem das der Geist aufschließen konnte, der bekommt ein weites und dankbares Herz seinen Brüdern gegenüber; denn er sieht in der Verschiedenheit nicht mehr Widerstreit, sondern nur den mannigfaltigen Reichtum der Gnade Gottes; er sieht Schöpfungen des Geistes. Viele bringen ihre freie Zeit damit zu, die Schöpfung draußen in der Natur zu studieren;

andre bringen ihr Leben damit zu, die antiken Altertümer auszugraben, sie zu reinigen und sie auszustellen. Wir als Kinder Gottes sollten die Schöpfung des Geistes studieren, wie sie in jedes wiedergeborene Kind Gottes hineingelegt ist, und wir sollten dem Geist helfen, daß das, was noch im Schutt vergraben und mit Schmutz bedeckt ist, ausgegraben wird und man Seine Herrlichkeit sehen kann. Denn Christus soll verherrlicht werden in Seinen Heiligen und bewundert werden in all denen, die geglaubt haben (2. Thess. 1, 10). Dahin arbeitet der Geist und alle, die des Geistes sind.

3. *Der Geist versiegelt zum Dienst* (Joh. 6, 27). Wie jedes Kind Gottes einen besonderen Gnadenstrahl Gottes trägt, und wie jedes Glied am Leibe Christi einen besonderen Strahl Seiner Herrlichkeit zum Ausdruck bringt, und wie der Geist sucht, diesen Herrlichkeitsstrahl auszuprägen, damit er dadurch ein besonderer Segen sein kann, so hat auch jeder vom Geist gesalbte Diener am Wort eine besondere Botschaft, die der Geist in ihn hinein versiegelt hat und die er treibt und die ihn treibt und die bei der Verkündigung der Geist versiegelt in den Herzen der Hörenden. Sein Dienst bewegt sich nicht in allerlei, sondern er hat bestimmte Richtlinien und bestimmte Ziele, und alles läuft auf diese hinaus. Aber diese Dinge sind nicht einseitig und nebensächlich — ob sie auch manchmal so beurteilt werden —, sondern füllen eine ganz bestimmte Lücke aus. Und in diesem Beson-

deren ist er ein Segen und unterscheidet er sich von den übrigen, obgleich er in Harmonie ist mit ihnen, wie sich ja auch die Propheten voneinander unterscheiden und doch in Harmonie sind miteinander.

Anfechtungen

und wie wir uns zu denselben stellen sollen

Dies zeigt uns vor allem Jakobus in seinem Brief. Er redet dort von *vier* verschiedenen Arten von Anfechtungen, die wohl alle Arten von Anfechtungen in sich schließen.

Zuerst sagt er: *„Achtet es für lauter Freude, wenn ihr in mancherlei Anfechtungen fallet* . . . da ihr wisset, daß die Bewährung eures · Glaubens *Geduld wirket"* (Kap. 1, 2—4). Damit sind wohl gemeint die Anfechtungen, wie sie ein Nachfolger Jesu findet im täglichen Leben: in den Übungen im Haus, in den Schwierigkeiten im· Geschäft, in dem Spott von seiten der Welt. All diese Anfechtungen soll ein Jünger Jesu nicht umgehen, sondern sie begrüßen als eine Gelegenheit, in welcher er durch den Glauben Gott verherrlichen kann und durch Geduld für seinen innern Menschen gewinnen kann. Der Streit zwischen den Hirten Lots und den Hirten Abrahams war für Abraham eine solche Anfechtung, die seinem Glauben Gelegenheit gab, die herrlichste Probe abzulegen (1. Mose 13), und die Gewalttätigkeit der Peninna war für Hanna eine solche Anfechtung, in welcher die Geduld ein vollkommenes Werk an ihr tun konnte. *Denn die Geduld verinnerlicht.* Sie bringt das, was du als bloße Lehre nur mit dem Kopf besessen hast, in dein Herz und Wesen hinein und macht es dort zu einer *friedsamen* Frucht der Gerechtigkeit. Sie bereitete Hanna zu, daß ihr Gott einen Samuel geben konnte, und machte sie geschickt, den kommenden Geschlechtern so klare Lehren zu geben von den Wegen Gottes mit den Seinen, wie wir sie nicht tiefer und herrlicher finden im Neuen Testament (1. Sam. 2).

Zum *andern* sagt Jakobus: „Selig ist der Mann, der die Anfechtung *erduldet…*" (Kap. 1, 12). Darunter sind wohl die Anfechtungen zu *Entmutigungen* zu verstehen, die uns den betretenen Weg als zu schwer und das vorgestellte Ziel als zu hoch erscheinen lassen. Es sind Anfechtungen, wie der Landmann sie zu erdulden hat (Kap. 5, 7—11), bis er die reife Ernte heimgebracht hat. Wir sind ja im göttlichen Leben noch auf keiner Linie bis zum letzten Punkt gekommen, es ist bei uns noch alles im Werden; die ganze Ernte ist sozusagen noch draußen. Aber wir sollten uns durch unsre Unzulänglichkeit, Unreife und Unfertigkeit in göttlichen Dingen nicht entmutigen lassen, und wir sollen im Blick auf das hohe Ziel und unsre Stellung zu demselben nicht verzagt werden. Wir sollen in der Übung bleiben, wie Paulus sagt: „Übe dich in der Gottseligkeit!" Ein Künstler wird mehr versucht sein, seine Sache aufzugeben, als ein gewönlicher Handwerker; aber wenn er die Anfechtung erduldet und sich nicht beirren läßt, wird auch sein

Lohn um so größer sein. Die Anfechtung erdulden heißt aber nicht nur: Geduld haben mit sich selbst, sondern auch Geduld haben mit andern, die mit Vorurteil gegen uns erfüllt sind, die lieblos unser Tun beurteilen und nur ein kritisches Auge und ein erregtes Herz für uns haben. Wer in göttlichen Dingen einen Schritt weitergehen will als seine Umgebung, als der Kreis, dem er angehört, der muß sich auf diese Dinge gefaßt machen. Aber auch sie dienen nur zu seiner tieferen Reinigung. Luther mußte sich auch deswegen so genau ans Wort Gottes halten, weil so viele kritische Augen und feindselige Herzen seine Worte untersuchten.

Zum *dritten* sagt er: „Niemand sage, wenn er versucht wird, er werde von Gott versucht . . . ein jeder wird versucht, wenn er von seiner eigenen Lust gereizt und gelockt wird" (Kap. 1, 13—15). Diese Art Anfechtung, die wir alle sehr wohl kennen, sollen wir weder begrüßen noch dieselbe erdulden, sondern uns von derselben geschieden halten bis hinein in den innersten Nerv unsers Wesens und bis hinaus in die äußerste Grenze unsers Lebens; denn sie weckt bei uns die Lust zum Fleisch, die Lust zum Reichtum, die Lust nach Ehre usw., und wenn die Lust sich ihr hingegeben hat und von ihr empfangen hat, gebiert sie die Sünde. Denn Lust von innen und Versuchung von außen gebiert die Sünde.

Als *viertes* nennt Jakobus die Versuchungen von seiten des Teufels; diese sind so mancherlei Art, und der Versucher tritt selbst in so verschiedenen Gestalten auf, daß uns eine siegreiche Überwindung fast unmöglich erscheinen will. Aber Jakobus gibt uns hier ein kurzes Rezept, ein Rezept in nur drei Worten: *„Unterwerfet euch Gott!"* Dann — *„Wiederstehet dem Teufel, so fliehet er von euch!"* (Kap. 4, 7), d. h. unterwirf in jeder Linie deinen Willen Gott, nimm in allen Dingen Partei für Gott, so stehst du und Gott zusammen, und der Teufel steht allein und hat verlorenes Spiel.

Reinigung und Dienst

Hebr. 9, 14

Um dem lebendigen Gott einen lebendigen Dienst tun zu können, bedürfen wir der tieferen Reinigung, der Reinigung nicht nur von *bösen Werken*, sondern auch von *„toten Werken"*, wie unser Text sagt. Jedes Lied, das wir nicht aus dem Geist gesungen, jedes Gebet, das wir nicht aus dem Geist gesprochen, jeder Dienst für Gott, den wir nicht aus dem Geist getan haben, ist ein totes Werk, wovon wir gereinigt werden müssen durch das Blut des Christus, so daß wir Gott dienen können in der gleichen Gesinnung, im gleichen Geist, in welchem Christus Sein Blut vergossen hat. Der Heilige Geist ist ein *Opfergeist*, und in diesem Opfergeist hat Christus Sein Blut vergossen, das uns nun reinigt von unsern toten Werken, die aus der Selbstsucht geboren sind und die den Stempel unserer Eigenheit tragen, damit wir geschickt sind, dem lebendigen Gott zu dienen, d. h. Gott nicht mehr unser Eigenes bringen, das ja nur Tod und Verwesung ist. Wir bringen nur Leichname ins Heiligtum, solange wir Gott einen Dienst bringen, der nicht aus dem Opfergeist getan ist.

Umgekehrt reinigt auch der Dienst selber wieder zum Dienen. Und vielleicht ist nichts so sehr dazu angetan, uns tiefer in die Reinigung von allem Selbstischen zu führen, als gerade der Dienst. Die Lektion, die Gott dem Mose gab bei dem brennenden Dornbusch, gibt Er allen denjenigen, die Er in seinen Dienst beruft. Gott sprach zu Mose: „Stecke deine Hand in deinen Busen!" (2. Mose 4, 6.) Und er steckte seine Hand in seinen Busen und zog sie wieder heraus — und welche Entdeckung! Sie war aussätzig wie Schnee. Was wollte Gott ihm damit sagen? Er wollte ihm damit sagen: Alles, was aus deinem Busen kommt, ist so wie deine Hand. Das war eine sehr demütigende Lektion. Bruder, stecke deine Hand in deinen Busen! Ziehe sie heraus! Wie ist sie? Aussätzig wie Schnee. Weißt du jetzt, was du von dir zu halten hast? Kannst du dich jetzt noch rühmen deiner Liebe, deiner Aufrichtigkeit usw. Kannst du jetzt noch andre aufgeben und sie für untüchtig halten? Nein! Bevor Jesajas das „Wehe" über ein abgewichenes Volk aussprechen konnte, bevor er zu andern sagen konnte: *Du bist verloren!* mußte er erst selber über sich rufen: „Wehe mir! Ich bin verloren!" (Jes. 6, 5). Solange wir diese Lektion nicht gelernt haben, sind wir überhaupt ungeschickt zum Dienst. Wir müssen sprechen gelernt haben: „Das Beste, was von mir geschieht, ist Selbstsucht und Schein!"

So fordert der Dienst eine beständige Selbstvernichtung und ein Unterschreiben des Todesurteils über uns. „Ich will ihm zeigen, wieviel er leiden muß", sagte der Erhöhte von seinem Knecht Paulus. Dienst bringt Leiden, tiefe Leiden, innere Leiden und Seelenkämpfe, wie Paulus sagt: „Wer leidet, und ich brenne nicht?" Leiden durch unsre Unzulänglichkeit im Dienst. Wohl in nichts anderm wird uns die Wahrheit von *fleischlich* und *geistlich* immer wieder so zu Gemüte geführt als gerade im Dienst. Der Dienst ist geistlich, und ich bin fleischlich. Das bringt tiefe Demütigungen, Entmutigungen und innere Geburtswehen. Gestern begegnete Josua seinem Volk im Lager zu Gilgal mit einem scharfen Messer und reinigte sie von dem *„weltlichen Wesen"*, und heute begegnete ihm Gott vor den Mauern Jerichos mit einem *Schwert,* um ihn zu reinigen vom *„eigenen Wesen"* (Jos. 5). So führt der Dienst in einen immer tieferen Tod unsers eigenen Ichs, zu einer tieferen Reinigung von uns selbst, die nur größere Fruchtbarkeit zur Folge haben wird.

David spricht im 23. Psalm von einem *„bereiteten Tisch"*, von einem *„gesalbten Haupt"* und von einem *„überfließenden Becher"* — aber erst nach den Todesschatten! Erst wenn die Todesschatten des Kreuzes über unser Wesen gegangen sind, kann Gott uns einen immer bereiteten Tisch, ein gesalbtes Haupt und einen überfließenden Becher geben. Wir wollen darum die tiefere Reinigung nicht scheuen, denn sie ist nötig zum Dienst, und wir wollen den Dienst nicht aufgeben; denn er führt uns zu tieferer Reinigung.

Hingabe und Segen

1. Wie bewahre ich den empfangenen Segen?

Jeder empfangene Segen muß uns zu einem völligeren Opfer machen für Gott. Das ist Segen, der bleibt. Ps. 118, 27 lesen wir: „Jehova hat uns Licht gegeben, bindet das Festopfer mit Stricken bis an die Hörner des Altars." Ein Beweis, daß du Licht empfangen hast von Gott, liegt darin, daß du willig bist, dich fester binden zu lassen von deinem Gott als ein Opfer, daß du entschlossener bist als je, daß dein Weg ein Opferweg und dein Leben ein Opferleben werde. Wenn du mit diesem Entschluß zurückgehst in das Alltägliche, dann kannst du ohne Furcht sein, den empfangenen Segen zu verlieren, im Gegenteil, dann bedeuten deine Schwierigkeiten nur Vermehrung des Segens, und was dir bis jetzt wie ein Hindernis schien auf dem Weg der Nachfolge, das wird dir zum Strick, der dich fester bindet an den Altar als ein ganzes Opfer. Viele sind bereit, ihr Leben zu verlieren, aber in dem „wie" und „wo" sie es verlieren sollen, sind sie nicht willenlos. Gott hat zu Abraham gesagt: „Opfere deinen Sohn auf einem Berg, den Ich dir zeigen werde." Gott zeigt uns auch den Ort, wo wir unsre Opfer bringen sollen. Viele sind bereit, zu opfern auf dem Missionsberg. Gott aber hat vielleicht den Familienberg dazu ausersehen. Viele wären bereit, *an der Sonne* zu sterben; aber das Weizenkorn, das Frucht bringen soll, *muß in der Erde ersterben.* Die Natur ist auch bereit zu opfern, sie ist sogar bereit zu sterben, aber es muß auf ihre Weise geschehen. Hätte Petrus mit dem Schwert in der Hand sein Leben lassen können für seinen Herrn, er hätte es gewiß getan. Aber als der Herr ihm dieses wehrte und gebot, als ein Lamm Ihm zu folgen und als ein Lamm zu überwinden, da war all sein Mut dahin. O wie wenig Reiz hat der Weg dem Lamme nach für unsre Natur! Sie will auch kämpfen und ihr Leben wagen, aber auf eine heldenhafte Weise und nicht nach der Weise des Lammes. Sie liebt nicht die verborgenen Opfer und den verborgenen Tod.

2. *Wie vermehrt sich der empfangene Segen?*

Jeder empfangene Segen muß umgesetzt werden in ein Opfer. So vermehrt er sich. Auf den Segen, den wir niederlegen auf den Opferaltar, legt Gott noch größeren Segen hinzu. Abraham mußte auch deswegen seinen Sohn auf den Altar legen, damit Gott Gelegenheit gegeben war, noch größeren Segen auf den Isaak zu legen. Lies nur 1. Mose 22 bis zu Ende. Da auf dem Altar legte Gott die größten Verheißungen auf den Isaak. O wie oft haben wir die Tür zu größeren Segnungen verschlossen, weil wir den empfangenen Segen behalten wollten.

für uns, statt ihn umzusetzen in ein Opfer, um dadurch den Segen zu *vermehren und ihn unvergänglich* zu machen.

Warum wir heute, trotz dem vielen Unterricht doch so wenig Erkenntnis haben, rührt vor allem daher, daß wir uns durch das empfangene Licht nicht zum Altar führen ließen, und so ist das Licht zum bloßen Wissen herabgesunken, das die Aufrichtigen nur unglücklich macht und die Unaufrichtigen zu einer abstoßenden Karikatur ausformt. Denn jeder Lichtstrahl von oben, der nicht als Frucht ein Opfer zur Folge hat, geht seines Lebensinhaltes verlustig. Laßt uns doch lernen von dem Lamm! Er setzte all die von oben empfangenen Segnungen um in Opfer, und zuletzt setzte Er alles um in das große Opfer am Kreuz. Und so ist Sein Leben *„das unauflösliche Leben"* geworden. Und hat Paulus mit den empfangenen Segnungen etwas anderes gemacht? Er hat sie umgesetzt in Opfer. Darum hat sein Leben einen solchen Ewigkeitsinhalt bekommen.

Kürzlich schrieb mir jemand: „Ich möchte ein ausgegossenes Leben meiner Umgebung geben; wie ein Trankopfer möchte ich sein, woran kein einziges Tröpflein vom eigenen Leben klebt, das Gott unangenehm und den Menschen schädlich sein könnte." So wird unser Leben ein überfließendes.

Unsre Zusammengehörigkeit
mit Christus

Viel tiefer als Heilsgewißheit ist das Bewußtsein unsrer Zusammengehörigkeit mit Christus von Ewigkeit her. Wir sind Berufene und Erwählte, bestimmt von Ewigkeit her für den Sohn. Ein ewiger Gnadengedanke Gottes waltet über uns. Daß wir bekehrt worden sind, ist nicht der Anfang der Gnade mit uns, sondern nur ein Offenbarwerden der ewigen Gnade über uns. Und daß wir zu Jesus gekommen sind, ist nur der Beweis, daß wir vom Vater dem Sohne gegeben sind. In der Bekehrung haben wir den Anfang gemacht mit Gott, aber Gottes Anfang mit uns reicht zurück bis in die Ewigkeit der Ewigkeiten.

Wir sind nicht geschaffen für den Kampf ums Dasein, nicht für die Sünde, nicht für die Hölle, ach nein! Wir sind geschaffen für den Sohn; wir sind da für Ihn. Ihm zur Wonne (Spr. 8, 31), Ihm zur Herrlichkeit (Jes. 43, 7), Ihm zum Erbteil (Eph. 1, 18). Wir sind der Reichtum Seines herrlichen Erbes, die Vollendung dessen, der alles in allem vollendet, wie wir lesen in Epheser 1. Gott hat uns erwählt in Christus und geschaffen für Ihn. Gott sah und sieht uns nie allein; Er sieht uns immer in Verbindung mit dem Sohn. Denn Alleinsein bedeutet für uns soviel als Verlorensein. Schon vor Grundlegung der Welt hat uns Gott mit dem Lamm zusammengestellt (Offb. 13, 8). Bevor die Welt war, bevor die Sünde war, bestanden schon im Herzen Gottes die herrlichsten Ratschlüsse unsrer Vereinigung mit Christus. Mit Ihm fängt unsre Geschichte an, mit Ihm wird sie fortgesetzt, und mit Ihm wird sie beendet, um droben wieder neu anzufangen—ohne aufzuhören. Alles steht in Beziehung zu Ihm, was im Himmel und auf Erden ist. Denn Gott hat alles durch Ihn und für Ihn geschaffen, und alles besteht in Ihm — auch du und ich!

Wir sind die Liebesgabe, die der Vater dem Sohn gegeben hat, wie Jesus selber sagt in Joh. 17: *„Die Du Mir gegeben hast!"* Siebenmal finden wir in dem hohenpriesterlichen Gebet diesen Ausdruck: „Die Du Mir gegeben hast!" Diese Zusammengehörigkeit mit Ihm, das war es, was der Herr Jesus in jener schweren Stunde Seinen Jüngern tief ins Herzen legen wollte und was sie stärken sollte, bei Ihm auszuharren. Aber sie hatten noch kein Verständnis dafür! Und wie viele Jünger Jesu von heute haben kein Verständnis dafür. Darum der knechtische Geist und das unbefestigte Herz.

Denn es ist ein großer Unterschied, ob wie uns als *„Gefundene"* oder als *„Erwählte"* ansehen. In dem

Gefundenwerden liegt etwas wie Zufall; aber in dem Erwähltsein sehen wir die ewige Gnade Gottes über uns. Wo einer Seele dies aufgeschlossen wird durch den Geist, da ist die Frage über Heilsgewißheit für immer gelöst; denn es ist ihr so klar und so selbstverständlich, daß der Gott, der uns erwählt und geschaffen hat in Christus, uns auch erlöst hat in demselben. Da hören auch die Klagen und die Zweifel auf. Denn zwei Dinge kann eine solche Seele nicht mehr tun: sie kann nicht mehr klagen und sie kann nicht mehr zweifeln. Sie trägt den Adel eines Auserwählten. Sie weiß sich auserwählt *von* Gott *für* den Sohn. In ihr Herz ist ausgegossen die Liebe Gottes, und sie kann in Wahrheit sagen: Abba, lieber Vater! Und so wird ihr ganzes Leben eine Antwort auf die Liebe Gottes.

Aber wir gehören nicht nur mit ihm zusammen, was den *Segen* anbetrifft, sondern wir gehören auch mit Ihm zusammen, was Seinen *Weg* hier anbetrifft. Johannes sagt: „Wie Er gewesen ist in dieser Welt, so sind auch wir in dieser Welt." Und wir gehören mit Ihm zusammen, was die *Zukunft* anbetrifft. Am Kreuze wurde offenbar, was Er für uns getan hat; heute wird offenbar, was wir für Ihn tun; und in Zukunft wird offenbar, was Er mit uns tun wird, wenn wir mit Ihm offenbar werden in Herrlichkeit.

Der Geist
der Selbstentsagung

Diese göttliche Gesinnung der Selbstaufopferung ist eine Eigenschaft des Herzens, eine Essenz der Seele, gewirkt durch den Heiligen Geist. Sie kann nicht beschrieben werden mit Worten, man kann nur etwas davon sagen.

1. *Wahre Selbstentsagung hat einen Geist der Stille.* Sie leidet, ohne die Tiefe ihrer Leiden anzuzeigen vor Menschen. Ein Hund heult bei dem geringsten Schmerz oder Furcht; aber das Lamm bebt und leidet in der Stille. Seine Tränen sind Tränen des Herzens. Es mag angefahren, ausgescholten, kritisiert, mißverstanden und in tausend Wegen aufgehalten und gehindert werden, ohne zu schlagen, zu schelten oder zu drohen.

2. *Der Geist der Selbstentsagung ist unzertrennbar von völliger Unterwürfigkeit.* Aus einer Leidenschaft göttlicher Liebe hat er ruhig das Todesurteil über das Selbst unterzeichnet. Er kann tausend kleine Gaben und harmlose irdische Freuden und schöne Hoffnungen und Freundschaftsbande seinen Händen entrissen sehen, ohne aus der göttlichen Ergebung und Stille gerissen zu werden.

3. *Er ist ein fügsamer Geist, ohne eigene Pläne.* Er kann durch den Finger Gottes augenblicklich in irgendeine Richtung gelenkt werden. Er kann in einen Kerker oder Palast gehen mit gleicher Ergebung und Freiheit. Er hat seinen eigenen Willen in der Vereinigung mit Gott verloren. Er kann alte, fadenscheinige Kleider tragen und von einfacher Speise leben und mit dankbarer und zufriedener Gesinnung, ohne einen Gedanken an Neid oder Gelüsten nach den schönen Dingen, die andre besitzen.

4. *Er nimmt das Leiden als seine natürliche Nahrung.* Das rauhe Kreuz, welches so viele Christen schreckt, umfaßt er mit dem Geist einer süßen, inneren Freude; denn er weiß, daß alle Leiden seine Liebe größer werden lassen. Was andre Christen meiden als Beschwerden, nimmt er gern an als eine süße Vereinigung mit Gott. Er verlangt nichts mehr als Liebe. Gern stirbt er wieder und wieder, um in Christus völliger zu leben. Er liebt seine Feinde mit großem Verlangen nach der Wiederkunft des Herrn; ihn verlangt, überkleidet zu werden mit der Herrlichkeit. Er würde gern keine natürlichen Freunde haben, wäre es nicht wegen der notwendigen Bedürfnisse und der Erholung für den Leib.

5. *Er nimmt menschliche Ehre nicht für sich selbst an.* Wenn er Ehre oder Ruhm von seinen Mitmenschen erfährt, opfert er dieses beständig

dem Herrn, anstatt es für sich selbst zu genießen. Sein größter Genuß ist, in Gott zu versinken und klein zu sein. Es ist ihm Bedürfnis, sich zu demütigen vor Gott und Menschen. Er meidet Debatten und Streitfragen und theologische Argumente.

6. *Er ist bescheiden und zurückhaltend.* Er würde lieber die Leiden andrer auf sich nehmen, als ihnen ihre Freude rauben. Er hat eine süße, innere Vision von der Person Jesu und ist von der göttlichen Schönheit von Christi innerlichem Herzensleben so eingenommen, daß selbst die schönen und ehrbaren Dinge der Erde keine Anziehungskraft für ihn haben.

Wenn die Seele in die Heiligung eingeht, erfährt sie nur den Anfang dieses Geistes, der beständig wachsen und zunehmen soll, bis die Kreuzigung und Selbstentsagung zur alles verzehrenden Leidenschaft wird. Dann geben alle Arten von Weh und Beschwerden, Schwierigkeit und Armut nur neues Material für das Feuer selbstaufopfernder Liebe.

Dies ist der Geist, der die Tür des Himmels erschließt, ohne sie zu berühren. Durch diesen Geist werden Feinde in Freunde verwandelt und die Herzen der Sünder gerührt. Es ist der Geist, der den Teufel zuschanden werden läßt und der die Seele dem Herrn so köstlich macht wie Seinen Augapfel.